Top Secret 3

Kein Zutritt

Exklusivität hat ihren Preis – und die Sicherheit auch. Deshalb weisen die Autoren ausdrücklich darauf hin, dass die im Buch vorgestellten Orte, Plätze, Räume in der Regel der Öffentlichkeit nicht zugänglich sind. Gleichzeitig bedanken sie sich bei allen, die ihnen und somit auch ihren Lesern Zutritt gewährten.

layout: carole remy
© éditions saint-paul
luxembourg 2008
ISBN: 978-2-87963-744-0

Top Secret 3

Auch das ist Luxemburg!

Fotos: Marc Wilwert

Texte: Marc Thill
         Claude Feyereisen
         Luc Marteling

éditions SAINT PAUL

REISEN DURCH ZEIT UND RAUM

Blick hinter die Ringmauer

Nichts weckt die Neugierde wohl mehr als das Verbot. Kein Garten beflügelt die Fantasie stärker als jener, der sich hinter einer hohen Mauer verbirgt. Wir stehen nicht gerne vor verschlossenen Türen. Und sogar die langweiligste Aktennotiz wird plötzlich zur spannenden Lektüre, wenn sie einen „Geheim"-Stempel trägt.

Ohne seine Ringmauer wäre wohl auch das Schloss von Senningen nicht in einem „Top Secret" betitelten Buchband zu Ehren gekommen. Für Regierungsmitglieder der letzten 20 Jahre hat das Schloss, an dessen Ursprüngen eine Papiermühle stand, eigentlich gar nichts Geheimnisvolles. Senningen steht für sie vor allem für strengem Protokoll unterworfene Arbeitssitzungen sowie lange Regierungskonklaven zur Vorbereitung der Rede zur Lage der Nation oder des Staatshaushalts.

Eigentlich dürfte Senningen eine Arbeitsstätte wie viele andere sein. Dennoch steht das Schloss für mehr. Die Mischung aus alten Mauern und modernen Technologien, einer gewissen Abgeschiedenheit bei gleichzeitiger Nähe sowohl zum Stadtzentrum als auch zum Flughafen sowie ländlicher Beschaulichkeit und zuweilen Weltpolitik machen den Charme des Senninger Schlosses aus.

Senningen hat sich seit dem Anfang der 1990er-Jahre quasi zu einem Synonym für hochrangigen Staatsbesuch in Luxemburg entwickelt. Die Liste der Minister, Regierungschefs und Präsidenten, die bereits auf dem Schloss empfangen wurden, ist lang und beeindruckend. Dabei ging es mitunter schon mal hoch her. Aber eigentlich nie in einem solchen Maße, dass ein Gespräch unter vier Augen auf den geschlungenen Wegen um den Teich, durch den Park, nicht doch noch zum Konsens geführt hätte.

Das vorliegende Buch ist schon der dritte Band einer Entdeckungsreise, zu der uns der Fotograf Marc Wilwert und die Autoren Luc Marteling, Marc Thill und Claude Feyereisen einladen. Der anhaltende Erfolg der „Top Secret"-Idee belegt, dass sie mit ihren Besichtigungen eines Luxemburgs, das man weder aus Hochglanzbroschüren noch aus persönlicher Erfahrung kennt, den Nerv des Lesers getroffen haben.

Die Welt, in die Marc Wilwert den Leser entführt, ist von einer großen Sachlichkeit geprägt. Keines der Fotos gibt den Eindruck, inszeniert zu sein. Es geht eher eine große Nüchternheit von den Bildern aus.

Wenn die in den „Top Secret"-Bänden besuchten Stätten eines gemeinsam haben, dann sind es Orte, an denen das Wirken der Menschen seine Spuren hinterlassen hat. Sie zeugen von harter Arbeit, starken Armen sowie hoher Handwerks- und Ingenieurskunst. Seien es die langen Tunnels, welche die SEO in den Nikolausberg gebohrt hat, der massive Bau des Schutzbunkers der städtischen Berufsfeuerwehr oder der dunkle Kanal, der die Alzette unter dem Escher Stadtzentrum hindurchleitet: Sie alle sind durch den Eingriff des Menschen in die Natur gekennzeichnet.

Luc Marteling, Marc Thill und Claude Feyereisen begeben sich mit ihren kurzweiligen Texten in „Top Secret 3" auch auf eine regelrechte Zeitreise. Die Kalkstollen in Wasserbillig rufen uns in Erinnerung, unter welchen schwierigen Arbeitsbedingungen der Reichtum des Landes errungen wurde. Die Senfmühle im Pfaffenthal zeugt von der Industrialisierung Luxemburgs, die ihren Anfang entlang der Flüsse nahm. Das Flughafengebäude auf Findel erinnert viele von uns konkret daran, wie schnell sich die Welt um uns doch verändert. Am anderen Ende des Spektrums schließlich stehen Themen größter Aktualität, wie erneuerbare Energien und lebenswichtige Ressourcen, so am Beispiel unseres Trinkwassers erläutert.

Mit diesem Buch wird der Schleier, der über dem unbekannten Luxemburg liegt, noch ein wenig weiter gelüftet. Man könnte fast bedauern, dass somit auch der persönlichen Fantasie ein bisschen der Humus für die Legendenbildung um diese oder jene geheimnisvolle Stätte entrissen wird. Dennoch bin ich zuversichtlich, dass auch der dritte Band der „Top Secret"-Serie die Leser begeistern wird.

Jean-Claude Juncker
Premierminister

Inhaltsverzeichnis

VORWORT *Jean-Claude Juncker* **5**

PUMPSPEICHERKRAFTWERK *Luc Marteling* **8**

SCHLOSS SENNINGEN *Marc Thill* **18**

MOHRFELSMÜHLE *Claude Feyereisen* **26**

KALKSTOLLEN *Luc Marteling* **32**

CHINOISERIEN *Marc Thill* **38**

WINDKRAFTANLAGE *Luc Marteling* **42**

SCHUTZBUNKER *Marc Thill* **50**

WASSERRESERVOIR *Marc Thill* **56**

OLDTIMER-SAMMLUNG *Claude Feyereisen* **64**

UELZECHTKANAL *Luc Marteling* **72**

SEZIERSAAL *Marc Thill* **80**

CERCLE MUNSTER *Luc Marteling* **86**

WASSERKRAFTWERK *Luc Marteling* **92**

DIE KISTE *Marc Thill* **98**

DEN ALE FINDEL *Luc Marteling* **102**

PUMPSPEICHERKRAFTWERK VIANDEN
Voodoo-Nikolaus

Still ruht der See. Von seinen Ufern hat man einen wunderbaren Blick auf die ihn umgebenden Öslinger Koppen. Denn der See hat eine Eigenart: Er liegt nicht im Tal, sondern bildet die abgeflachte Spitze des Néklosbierg, dessen östliche Flanke steil zur Our hinabfällt. Das Bächlein bildet hier, zwischen Vianden und Stolzemburg, die Grenze Luxemburgs zu Deutschland. Als Bächlein ist die Our an dieser Stelle allerdings nicht wiederzuerkennen. Eine Talsperre im Ortseingang von Vianden, quasi zu Füßen des stolzen Schlosses, verwandelt die Our auf einer Länge von rund acht Kilometern in ein ruhendes Gewässer, das Pendant zum See oben auf dem Berg. In beiden Fällen handelt es sich um künstlich angelegte Wasserreservoire. Im Tal das Unterbecken, auf der Kuppe das Oberbecken. Etwa 300 Meter beträgt die Höhendifferenz, trotzdem kommunizieren die beiden Wasserspeicher überaus eifrig miteinander. Ist oben viel Wasser, ist unten dementsprechend wenig – und umgekehrt. Drei mächtige Druckrohre ermöglichen diesen regen Austausch und sorgen auch dafür, dass gleich einer Waage mal die eine, mal die andere Seite mehr aufzuweisen hat.

Eine geteerte Straße säumt die geschwungenen Ufer des Oberbeckens. Über eine von zwei Rampen gelangen die Fahrzeuge auf die rund 4,5 Kilometer lange Dammkrone. Sogar den stolzen Anlagen des Windparks in Kehmen-Heiderscheid kann man von hier oben zuwinken. Und bei guter Fernsicht sind die Sendemasten von Junglinster sowie die Dampfsäulen made in Cattenom auszumachen.

Kein Dammbruch

Randvoll wird das Oberbecken zurzeit nicht gemacht, schließlich soll ausgeschlossen werden, dass das Wasser überschwappt. Der Verlust des blauen Goldes wäre dabei noch am ehesten zu verkraften, ein Wegspülen des Dammes könnte aber verheerende Folgen haben. Aus diesem Grund werden auch Hecken und Sträucher an den Außenflanken des Dammes reihum gemäht. Dies verhindert, dass einzelne Pflanzen zu tiefe Wurzeln bilden. Würden sie vom Wind gestürzt, könnte ihr Wurzelwerk den Damm in Mitleidenschaft ziehen. Schlimmstenfalls hätte dies einen unplanmäßigen Wasseraustritt zur Folge …

Trotzdem kommt es immer wieder zu einem Absenken des Wasserspiegels, der geschieht aber kontrolliert und unter den Argusaugen der Mitarbeiter der „Société électrique de l'Our", kurz SEO. Ober- und Unterbecken sind nämlich nur die sichtbaren Teile des einst

Draht nach draußen: museales, aber funktionstüchtiges Telefon unterm Oberbecken.

größten Pumpspeicherkraftwerks der Welt. Um ein Vielfaches faszinierender sind die Teile, die sich den Blicken Neugieriger entziehen, da sie sich im Berg befinden.

Drei wie Miniatur-Leuchttürme anmutende Konstruktionen im zweigeteilten Oberbecken lassen darauf schließen, dass es sich hierbei nicht um einen banalen Badesee im Öslinger Naturidyll handelt. Im Gegenteil: Baden ist hier strengstens untersagt und Angeln auch, obwohl es in dem Becken zahlreiche Fischarten und sogar Muscheln gibt. Vermutlich brachten Wasservögel deren Brut in den See oder sie gelangte mit hoch gepumptem Wasser dahin. Bei den vermeintlichen Leuchttürmen handelt es sich um Einlaufbauwerke. Von hier kann das Wasser durch mächtige Rohre mit ungeheurer Geschwindigkeit ins Tal rasen oder mit schier unvorstellbarer Kraft wieder hinaufgepumpt werden. Alles im Sinne der Energiegewinnung!

Von zehn auf elf Maschinen

Vom Einlaufbauwerk 1 führt ein rund 650 Meter langes Rohr mit einem Durchmesser von sechs Metern ins Tal und betreibt dort die Maschinen eins bis vier, die jede 100 Megawatt (MW) Strom erzeugen können. Noch mächtiger ist das zweite Druckrohr, das sich genau in der Mitte des zweigeteilten Oberbeckens befindet und sowohl von der rechten wie von der linken Seite gespeist werden kann. Es hat einen Durchmesser von sage und schreibe 6,5 Metern und eine Länge von 850 Metern. Es füttert die 100-MW-Maschinen 5 bis 9. Ein drittes, rund 1,4 Kilometer langes 4,5-Meter-Rohr führt vom Einlaufbauwerk 3 im zweiten Becken zur Maschine Nummer 10, deren Leistung 200 MW beträgt. Während die Maschinen 1 bis 9 zwischen 1959 und 1964 errichtet wurden (für 4 500 Millionen Franken, also rund 111 Mio. Euro), kam der zehnte Generator erst Mitte der 1970er-Jahre hinzu.

Der Begriff Einlaufbauwerk kommt übrigens nicht von ungefähr. Es handelt sich dabei um große, begehbare Konstruktionen, die eine ausgefeilte Mechanik beherbergen. Den Verschluss bildet ein Rollschütz, der sich ständig unter Wasser befindet. Auch die Druckrohre sind permanent mit Wasser gefüllt, das erleichtert unter anderem den Druckausgleich. Würde man nämlich den Verschluss im Oberbecken schließen und das Rohr entleeren, würde es implodieren. Das abfließende Wasser ließe ein Vakuum entstehen, und das wiederum zöge die verhältnismäßig dünnen Rohrwände zusammen. Nur zu Inspektionszwecken werden die Rohre vollständig entleert. Mehrere Tage nimmt das in Anspruch.

Doch damit nicht genug: Ein viertes Einlaufbauwerk ist bereits geplant. Das dazugehörige Druckrohr wird einen Durchmesser von 4,5 Metern haben und soll eine neue Maschine, Nummer 11,

Eines Orpheus würdig: Etwa 400 Stufen führen in den Berg, zu einem Manndeckel.

*Leben auf „Pump":
Eine ausgeklügelte Hydraulik hält das Kavernenkraftwerk trocken.*

mit Wasser versorgen. Ihre Maximalleistung wird ebenfalls 200 MW betragen. Allerdings muss dafür das Oberbecken bis an seine Kapazitätsgrenzen gefüllt werden. Damit das Wasser trotzdem nicht überschwappt, wird der Dammkrone demnächst eine echte Krone in Form einer „kalifornischen Mauer" aufgesetzt.

Mächtige Akkus

Das Pumpspeicherkraftwerk von Vianden produziert Strom, indem es Wasser vom Oberbecken ins Tal sausen und Turbinen antreiben lässt. Gleichzeitig verbraucht es Strom, um das Wasser auf den Berg zu transportieren, was gemäß Schwerkraftgesetzen nicht von selbst geht. Und: Es wird sogar mehr Strom verbraucht als produziert! Der Wirkungsgrad liegt etwa bei 75 Prozent. Dass sich Vianden trotzdem rechnet und sogar größter Beliebtheit erfreut, ist in doppelter Hinsicht eine Frage des Timings. Das Wasser im Oberbecken stellt gespeicherte Energie dar. Steigt die Nachfrage und damit der Preis, kann Vianden binnen Sekunden mit der Stromproduktion beginnen. Die Schotten werden geöffnet, schon rauscht das Wasser den Berg hinab und bringt die Turbinen auf Touren. Spitzenstrom nennt sich das, mit dem die Spitzen in der Nachfrage „gebrochen" werden.

Sinkt die Nachfrage, fällt damit auch der Preis. Vorhandene Überkapazitäten an Energie nutzt das Pumpspeicherkraftwerk, um wieder Wasser auf den Berg zu pumpen, also seine Batterien aufzuladen. Kohle- und Atomkraftwerke können ihre Produktion nämlich im Gegensatz zu dem Wasserkraftwerk nicht so mir nichts, dir nichts drosseln. Statt den Strom dann nutzlos in der Erde verschwinden zu lassen, bedient sich die SEO dieser überschüssigen (und daher günstigen) Energie. Kleine Nebenwirkung: Der Viandener Strom ist nicht grün, das Label der erneuerbaren Energie bleibt ihm vorenthalten.

Inside Einlaufbauwerk: Werden oben die Schleusen geöffnet, wird unten Strom produziert.

Früher lautete die Gleichung: Morgens, mittags und abends ist der Bedarf hoch, dann wird Strom produziert, in der Nacht ist der Bedarf klein, dann wird Strom verbraucht. So einfach ist das heute nicht mehr. Unter anderem Solar- und Windenergie bringen Schwankungen ins Netz – und die wollen aufgefangen werden. Und ist es an einem Tag unerwartet heiß, sodass die Klimaanlagen bis an den Rand ihrer Erschöpfung arbeiten müssen, ist am Ende eines solchen Tages auch das Oberbecken auf dem Néklosbierg mit ziemlicher Sicherheit leer.

Reise ins Herz des Berges

Wie eine Voodoo-Puppe wurde der Mont St-Nicolas im 20. Jahrhundert behandelt. Hatte man ein Begehr, trieb man einen neuen Stollen in ihn hinein – so scheint es fast. Denn die drei und bald vier Druckrohre sind beileibe nicht die einzigen Löcher, die ihm zugefügt wurden – schließlich wollen diese künstlichen Bergarterien, die die moderne Gesellschaft mit Strom versorgen, gehegt und gepflegt werden. Solange der Berg stillhält, und das tut er, ist das aber kein Problem.

Um die Anlage einem intensiven Gesundheitscheck zu unterziehen, muss man sich gut auf den Bergflanken auskennen. Allzu leicht übersieht das ungeübte Auge etwa den Eingang zu einem der Fensterstollen. In einem leichten Abhang verbirgt sich im Grün eine Gittertür, dahinter führen rund 400 Stufen steil in die Tiefe. Nur ein dickes Belüftungsrohr, das schlaff an der felsigen Wand hängt, begleitet denjenigen, der sich soweit ins Herz des Berges wagt, nach unten. Am Ziel angekommen, erwartet den Besucher ein sogenannter „Manndeckel". Der sieht aus wie eine Luke in einem U-Boot und mündet in eine Biegung im Druckrohr 2.

Nicht minder gut in der Natur versteckt sind die beiden Messwehre. Es handelt sich dabei um kleine, gut bewachte Bergeingänge. Das Erste, was einem beim Betreten auffällt, ist eine Kamera

Hollywoodreifer Hintereingang: vielleicht der schönste der vielen Stollen im Mont St-Nicolas.

und gleich daneben ein Infrarotgerät, damit auch die gefilmt werden können, die „vergessen" das Licht anzuschalten. Am Ende der kleinen Räume weckt jeweils eine unscheinbare Tür in Stasigrün des Betrachters Interesse. Was sich wohl dahinter verbergen mag? Hier in dieser abgelegenen Bergflanke? Bedeutet SEO wirklich „Société électrique de l'Our" oder ist das Akronym doch nur eine Tarnung, etwa für „Spionage ex Osteuropa"?

Wo blieb der Bombenleger?

Nun denn, falls schon Agenten, dann jedenfalls keine à la 007, denn mit dem doch arg spartanischen Gang, den die Türen freigeben, würde sich wohl kein Topagent, der etwas auf sich hält, zufrieden geben. Es handelt sich dabei um begehbare Drainagestollen, die unter dem Oberbecken verlaufen und anhand derer man sicherstellen kann, dass das Becken nicht leckt. Jedes Becken ist deshalb untertunnelt. Der Gang des einen Messwehrs führt sage und schreibe 226 Meter geradeaus bis unters Einlaufbauwerk 1. Dort entzweit er sich, und es geht weitere 235 Meter nach links oder 374 Meter nach rechts. Rückenschmerzen sind bei einer Begehung inbegriffen, denn der Gang misst nur knapp 1,55 Meter. Gesäumt wird der unheimliche, die Fantasie beflügelnde Tunnel von winzigen Stich- und Belüftungsleitungen, die aber so klein sind, dass man sie nicht begehen kann.

Probleme gab es bis dato übrigens noch nie – weder mit der Dichtheit des Beckens, noch mit seiner Sicherheit. Übrigens auch nicht zu Zeiten der Bombenleger, auch wenn damals massivst

Spezialisiert auf Spitzenstrom: Die „Warte" kontrolliert das Geschehen im Pumpspeicherwerk.

kontrolliert wurde. Kontrolliert wird auch heute noch, vorwiegend aber die Qualität des Materials; so schlummert etwa in der begehbaren Ableitungsdrainage unter dem zweiten Becken hinter einer Abbiegung völlig unvermutet ein Laptop. Unter einer Plastikglocke misst er, wie sich der Stollen unter dem wechselnden Wasserdruck verhält. Nicht weniger überraschend: Ein schwarzes Telefongerät, das in jedem Telekommunikationsmuseum einen Ehrenplatz erhalten würde. Aber sicher ist sicher. Denn mit einem Handy, selbst mit dem modernsten Gerät, wäre einem hier unten im Falle eines Falles nicht geholfen …

Einen Leckerbissen bei der Berginspektion verspricht der „große" Fensterstollen. Und der Name hält, was er verspricht! Mit dem Wagen gelangt der Besucher über einen breiten Stollen mitten in den Berg. In einer Art „Lichtung" verläuft – einer Plastik gleich – von oben nach unten das frei stehende gepanzerte Druckrohr, das in den 1970er-Jahren durch den Berg getrieben wurde, um die zehnte Maschine mit Wasser, sprich Energie, zu versorgen. Mit seinem Durchmesser von 4,5 Metern steht es in der Höhle wie der rätselhafte Monolith in Stanley Kubricks Science-Fiction-Klassiker „2001 – A Space Odyssey". Der von Menschenhand erschaffene unterirdische Gang richtet sich aber weder an Touristen, noch an Speläologen und schon gar nicht an SciFi-Fans. Den Technikern bietet er die Möglichkeit, Reparaturarbeiten im Druckrohr durchzuführen. Als vor Jahren etwa durch einen fehlerhaften Druckausgleich mehrere Meter eingedrückt wurden, konnte der lädierte Wasserkanal im Fensterstollen geöffnet werden. Vorgefertigte Glieder wurden hineingeschoben und zu der zerbeulten Stelle gebracht.

Der Eingang zum Fensterstollen befindet sich etwas unterhalb des Oberbeckens, also noch im oberen Drittel des Rohrs. Sein ursprünglicher Zweck war es, den Aushub beim Verlegen der Leitung zu evakuieren. Ausschlaggebend für den Verlauf der Rohre, deren Wandstärke von oben nach unten wegen des wachsenden Wasserdrucks zunimmt, die sich aber gleichzeitig nach unten hin verjüngen, ist einzig und allein die Geologie, also die Beschaffenheit des Gesteins. So kommt es, dass die zehnte Maschine etwa einen Kilometer abseits der anderen Maschinen untergebracht wurde, unweit der Brücke der Bivelsmühle, in der Nähe des ehemaligen „Schutterstollens". Die großen Mengen an Ausbruchsmaterial, die beim Aushöhlen der Halle für die ersten neun Maschinen anfielen, wurden hier aus dem Berginnern ins Freie verfrachtet.

Kathedrale unter Tage

In das unterirdische Kavernenkraftwerk mit den bekannten blauen „Turbinen-Schnecken" führen gleich zwei Wege. Die Zufahrtsstollen zu dem Kraftwerk, das mit 330 Meter in etwa so lang ist wie drei Fußballfelder, sind so groß, dass sogar Lkws sie benutzen können. Der eine Höhlenweg führt direkt in die Kaverne, er bildet den normalen Zugang; der andere führt vom Ende des Maschinenraums hinaus auf die Straße entlang der Our. Er wurde gebaut, als das Druckrohr 2 verlegt wurde. Von hier führt später auch eine Abzweigung zu der 4. noch zu bauenden Wasserleitung. Schade eigentlich, dass Steven Spielberg dem Pumpspeicherkraftwerk mit seinen vielen Gängen noch keinen Besuch abgestattet hat. Die Entscheidung für weitere Indiana-Jones-Abenteuer wäre im Nu gefallen, immerhin stünden in Vianden vorzüglichste, da echte Filmkulissen parat …

Vom Kavernenkraftwerk führt ein Fahrstuhl zu einer Empore, auf der sich die Schaltzentrale befindet, das Hirn der Anlage, das dann wiederum eher etwas für James Bond wäre. „Warte" nennt sich der Hightech-Raum, von wo aus man alles im Blick hat. Hier werden die von der RWE erteilten Anweisungen für den Betrieb der Maschinen ausgeführt. Die RWE, so will es ein deutschluxemburgischer Vertrag, erhält den gesamten in Vianden produzierten Strom, übernimmt deshalb aber alle Betriebskosten, liefert den benötigten Pumpstrom und sorgt auch dafür, dass die SEO jährlich einen vertraglich festgelegten Gewinn von 2 Millionen Euro abwirft. Der Strom der elften Anlage soll aber zwischen beiden Ländern aufgeteilt werden. Deutschland und Luxemburg erhalten je 100 MW.

In der gigantischen Kaverne befinden sich die Turbinen, die Generatoren und die Pumpen. Vom „Besucherstollen" ist es möglich, einen Blick auf die beeindruckende Halle unter Tage zu erhaschen. Die Höhle liegt übrigens unter dem Wasserspiegel des Unterbeckens, damit das Ourwasser Druck auf die Schaufeln der Pumpen ausüben kann und die das Wasser, das nach oben muss, nicht anzusaugen brauchen, sondern lediglich nach oben zu drücken haben.

Gleich neben der Kaverne, also hinter den Maschinen, befindet sich der 450 Meter lange Trafostollen mit insgesamt neun Transformatoren, einem für jede der neun Maschinen in der Kaverne.

Wie Pflastersteine

Wird im Pumpspeicherkraftwerk Strom erzeugt, also Wasser durch die Turbinen gejagt, hört sich das an, als würde Kopfsteinpflaster durch die Rohre donnern. Als Kavitation (von lateinisch cavitare = aushöhlen) bezeichnet man dieses Phänomen. Der Lärm entsteht durch die Bildung und Auflösung von Hohlräumen in Flüssigkeiten durch Druckschwankungen. Die häufigste Ursache für Kavitation sind – laut Wikipedia – schnell bewegte Objekte im Wasser, zum Beispiel Laufräder von Wasserturbinen. Wissenschaftliche Erklärung hin, fachmännische Beteuerungen her, als Laie hält man es schlichtweg für unmöglich, dass Wasser so einen ohrenbetäubenden Lärm verursachen kann!

Untertunnelt: Von den Messwehren führen schmale Gänge unter das Oberbecken.

Der tiefste Punkt der Kaverne ist übrigens der Lenzkanal. Unterm Mittelblock der Pumpen 4 und 5 sammelt sich das Sicker- und Kühl- sowie Spiralwasser, denn die Maschinen werden im Gegensatz zu den Rohren bei Stillstand geleert. Zwei elektrische Pumpen sorgen dafür, dass überschüssiges Wasser in die Our geleitet wird. Daneben gibt es noch drei Pumpen, die mit Wasser betrieben werden, mit Wasser aus dem Oberbecken. Sie stellen sicher, dass die Kaverne auch bei einem längeren Blackout nicht absäuft. Wasser evakuiert Wasser.

Unschätzbar?

Ein letzter „geheimer Gang" der pharaonischen Anlage des Viandener Pumpspeicherkraftwerks verdient Beachtung. Die dicke, 30 Meter hohe Staumauer, die behäbig im Ourtal auf Höhe der Lohmühle liegt, auch sie ist begehbar. Ein schmaler Drainagegang ermöglicht es, Fluss wie Mauer zu „unterwandern". Sollte einmal das Risiko bestehen, dass die Wand vom Flusswasser unterspült wird, dann wird hier Alarm geschlagen.

Darauf deutet zurzeit aber nichts hin. Stattdessen wird angesichts steigender Energiepreise eine Frage immer interessanter: Was ist das Viandener Pumpspeicherkraftwerk überhaupt wert?

SCHLOSS SENNINGEN
Mit Wladimir ins Jägerstübchen

Zwei prächtige Gänse watscheln um den Teich, einige Enten strecken ihre Hälse bis auf den Grund und suchen nach Nahrung. Vorsichtig nähere ich mich den Tieren, worauf ein heftiges Geschnatter ausbricht und mir ein Mann in dunklem Anzug mit ausgestreckter Hand auf dem Schlossparvis entgegengeeilt kommt. Hellhörig hat ihn aber wohl weniger das Geschnatter der Gänse gemacht, als vielmehr der Anruf des wachhabenden Soldaten vorne in der Loge am Eingang zum Schlosspark. Dieser Mann, ein ehemaliger Offizier der Luxemburger Armee, jetzt ein Angestellter des Staatsministeriums, soll mich durch das geheimste aller Schlösser Luxemburgs führen: Schloss Senningen! Mal sehen, was er mir wirklich zu zeigen hat.

Er teilt mir mit, dass man das arme Geflügel hatte einsperren müssen, als vor anderthalb Jahren die Vogelgrippe in aller Munde war. Brennend gerne hätte ich ihn hierauf gefragt, ob die fetten Gänse vielleicht einmal als deftiger Braten auf den Tisch im Speisesaal kämen, dann nämlich, wenn der Premierminister zum Festschmaus bittet, unterlasse es aber, die indiskrete Frage zu stellen, will nicht gleich zu Beginn meiner „Entrevue" hier ins Fettnäpfchen treten. Kein Fauxpas im edlen Schloss von Senningen!

„Was wollen Sie denn sehen? Wo wollen Sie hin?", fragt mich der Mann in einem forschen Ton und fordert mich auf, ihm zu folgen, noch bevor ich eine präzise Antwort parat habe. Hier in Senningen ist die Armee zuhause und daher der Befehlston derjenige des Militärs: „Folgen Sie mir in mein Büro!"

Wir treten ein in einen breiten Flur. Zur linken Hand befindet sich die Küche, rechts gegenüber der Speisesaal und geradeaus eine breite Treppe. In der Küche herrscht bereits emsige Betriebsamkeit. Es ist Vormittag, bald will eine Gesellschaft speisen, der Tisch wird daher gedeckt, das Besteck poliert.

Wir steigen hoch und erreichen das Büro meines Ansprechpartners. „Nehmen Sie ruhig Platz!" Es folgt ein längeres Schweigen und der Mann wirft mir einen Blick gleichmütiger Weisheit zu, rückt plötzlich aber heftig mit seinem Stuhl hin und her, greift hinter sich in einen Aktenschrank, kramt eine Broschüre hervor, reicht sie mir und seufzt: „Die ist zwar alt, die Geschichte aber, wie alles hier entstanden ist, ist ja wohl noch immer dieselbe." Ich danke für die Unterlagen, doch noch bevor ich einen Blick in das wertvolle Dokument werfen kann, kommt schon der nächste Befehl: „Kommen Sie! Ja, kommen Sie nur!"

Hohe Politik in zünftigem Ambiente

Wir bleiben vorerst auf der ersten Etage. „Dieser Raum, der wird Sie vielleicht interessieren", verkündet „die gute Seele" von Schloss Senningen, meint dann aber wieder in einem abwertenden Ton: „Ach, eigentlich ist es ja nur ein Salon wie jeder andere auch."

Mein Herz aber schlägt höher, denn wir stehen in jenem Raum, in dem sich der Premierminister mit seinen Gästen zum Tête-à-Tête trifft. „Meistens findet das bereits statt, bevor gespeist wird", erläutert der Offizier, winkt mit dem Kopf in Richtung Beistelltisch und murmelt nebenbei: „Da fehlt an und für sich nur noch das rote Telefon."

„Wie denn, ein rotes Telefon gibt es wirklich?", entfährt es mir.

„Ach, fragen Sie mich nicht, wie das Ding funktioniert. Die Techniker legen eine fixe Telefonleitung hierhin, so dass der hohe Gast nur abheben muss und schon hat er den direkten Draht zu seiner Staatskanzlei."

Der Salon ist tatsächlich einfach. Eine Couch im Fond, zwei Sessel und schwere Vorhänge vor den Fenstern. Mich interessieren die Gemälde an den Wänden, vergesse aber in der Aufregung, den Namen des Künstlers zu erfragen. Mein Begleiter durch das Schloss mustert derweil einige Risse in der Mauer und meint kopfschüttelnd: „Ja, so geht das wirklich nicht! Ich muss unbedingt mit dem Staatsarchitekten reden. Risse hier in der Wand!"

Zum Salon, dem Allerheiligsten in Schloss Senningen, gibt es nur einen Zugang. Den Flur draußen nehmen in der Regel der engste Mitarbeiterstab des Gastes sowie seine Bodyguards in Beschlag. Ins Gemach selbst gelangen nur die Wichtigsten, ab und zu auch noch ein Dolmetscher. Der Salon verfügt über ein kleines Nebenzimmer, ein Badezimmer mit Toilette, damit sich die Gesprächspartner etwas frisch machen können, bevor sie zu Tisch schreiten oder vor die wartende Presse treten.

Die Couch, auf der auch schon Condoleezza Rice saß. Dieses Zimmer ist das Allerheiligste in Senningen.

Wie einst in Rom bewachen Gänse das Zentrum der Macht. Was die wohl schon hier miterleben mussten?

Der Salon führt in ein Badezimmer, in dem sich die Gesprächspartner ihre Schweißperlen von der Stirn abwischen können, bevor sie vor die Presse treten.

Mit „Condi" auf der Couch

„Also, Putin war dann wohl auch hier in diesem Salon?", will ich der „guten Seele" entlocken.

„Nein, der nicht!", bekomme ich als barsche Antwort. „Der hatte sein Vier-Augen-Gespräch mit dem Premierminister im Jägerstübchen."

Jägerstübchen? Ich trau' meinen Ohren nicht.

„Ja, Jägerstübchen! So nennen wir den Raum. Dort gibt es nämlich einen Kamin."

Aha, einen Kamin! Richtig zünftig also! Ist ja lustig, denke ich, unterdrücke schmerzvoll ein Lachen und sehe bereits das Jägerstübchen vor meinen Augen: holzgetäfelte Wände, ein loderndes Feuer im Kamin, dazu noch ein lauschiger Kachelofen und ein ausgestopfter Wildschweinkopf als Trophäe an der Wand ...

„Putin im Jägerstübchen. Und Condoleezza Rice?"

„Ja, die war wirklich hier auf der Couch", erfahre ich.

„Und stimmt es auch, dass ‚Condi' ihre eigene ‚Pepsi light' aus den USA hier nach Senningen hat einfliegen lassen?", bohre ich weiter.

„Ja ... Nein ..., hhm, also wirklich, ich weiß es nicht mehr", erwidert der Offizier und versiegelt seinen Mund mit einem Lächeln.

„Wäre aber durchaus interessant gewesen, hierfür eine Bestätigung zu bekommen", entgegne ich mürrisch, lege dabei meine Enttäuschung offen zur Schau und verlange dann nach dem Jägerstübchen.

Wir kehren zurück ins Erdgeschoss und durchqueren den Speisesaal, in dem 40 Leute mit Fünf-Gänge-Menüs bestens verpflegt werden können. Gleich dahinter befindet sich das ominöse Jägerstübchen. Von der Größe her ist es wohl eher eine Stube als ein Stübchen, und ein richtiger Jäger hat diesen Raum wahrscheinlich noch nie betreten: keine Holzvertäfelungen, kein Kachelofen und auch kein ausgestopfter Wildschweinkopf über dem Kamin. Der Kamin existiert tatsächlich, ist auch funktionstüchtig, hat aber schon eine Ewigkeit kein loderndes Feuer mehr gesehen, wie ich den Worten meines Gesprächspartners entnehmen kann.

Apropos Feuer: Darf man hier rauchen?

Voller Entrüstung begehrt der Offizier auf, so als hätte ich in einem Wespennest herumgestochert: „Wissen Sie, hier sind wir wie bei Juncker zuhause. Wenn der hier jemanden empfängt, dann ist das so, als wäre es in seiner guten Stube. Er darf tun und lassen, was er will. Und glauben Sie wirklich, dass ein Putin oder ein Chirac sich hier erkundigen werden, welche Rauchergesetzgebung in diesem Land appliziert wird?"

Ich lasse nicht los: „Der Judoka Putin hat also geraucht ... ?", möchte ich ausholen, werde aber jäh unterbrochen: „Reden Sie mir nicht mehr von dem! Man kann ja einiges übertreiben. Aber nein! Nein! Da war hier wirklich die Hölle los. Dafür gibt es kein Superlativ mehr."

Das „Jägerstübchen": Der Kamin, der zwar schon eine Ewigkeit kein loderndes Feuer mehr gesehen hat, stand Pate.

Putin: Vodka, njet!

Mir wird klar, dass der Putin-Besuch der bislang größte Hype in Schloss Senningen war. Ein Vier-Augen-Gespräch mit Wladimir, dabei wohl auch griffige Formulierungen in einem Ozean von diplomatischen Konjunktiven, dafür aber kein Sterbenswörtchen über Menschenrechte, danach eine kleine Stärkung im Speisesaal, ein Toast auf beste wirtschaftliche Kontakte und später das übliche sprachliche Pingpong mit Journalisten bei der Pressekonferenz. Malta ist zwar nicht Yalta, und Senningen bestimmt auch nicht der Nabel der Welt, und trotzdem führen ab und zu die Fäden der weltweit galoppierenden Politik auch bis hierhin in dieses Schloss.

Wir ziehen weiter durch die herrschaftliche Domäne und plaudern kurz mit dem Küchenpersonal. Dabei erinnert sich eine französische Angestellte mit schwärmenden Augen an den Gourmet Jacques Chirac, den Juncker nach dem Mahl in die Küche gelotst hatte.

Schließlich steigen wir hinunter in den Weinkeller und treffen dort ... erneut auf Wladimir. So erfahre ich, dass mein begleitender Offizier im Vorfeld der Putin-Visite hatte anordnen lassen, reichlich Vodka einzulegen. Doch haben die Russen komischerweise keinen Tropfen angerührt, dafür aber Wein, Cognac, usw.

Irritiert zeigt sich der Offizier ebenfalls über das halbe Dutzend Bierflaschen der Marke Clausthaler. „Über den kurzen Dienstweg habe ich an

Der Essraum: Nicht das Kalbsmedaillon, sondern die Tischrede ist hier das A und O bei einer politischen Zusammenkunft.

einer nahe liegenden Tankstelle alkoholfreies Bier einkaufen lassen, nachdem man mir im letzten Moment mitgeteilt hatte, dass der deutsche Außenminister Steinmeier dabei sei, eine Abmagerungskur durchzuziehen und deshalb vermutlich kein alkoholisches Getränk antasten werde.

Geschirr vom Feinsten für die hochkarätige Politprominenz.

Dabei hat er nichts davon gewollt. Und jetzt liegen die Flaschen hier."

Wir sind am Ende unserer Visite angelangt. Es gibt noch das Konferenzzentrum, das in den ehemaligen Werkstätten und Stallungen untergebracht ist, einen herrlichen Park und einige unbekannte Details. So wird zum Beispiel von Senningen aus der interne Kurierdienst der Regierung organisiert, und auch die staatliche Telefonzen-

Politik geht offenbar auch durch den Magen. Während oben noch Gespräche geführt werden, dampft es unten bereits mächtig in der Küche.

trale 2478-1, über die man Zugang zu allen Ministerien hat, ist hier untergebracht.

Ich verabschiede mich von der „guten Seele" des Schlosses und grüße nochmals die beiden fetten Gänse, die mich aber sehr missmutig beäugen. Ob sie vielleicht vorhin meine Gedanken lesen konnten, als ich sie schon gerupft in einem Gartopf vor Augen hatte?

Papierfabrik, Erholungsheim für Künstler

Zurück im Büro stöbere ich noch in meinen wertvollen Unterlagen über die Geschichte des Schlosses. Darin erfahre ich, dass die historische Anlage, zu der ein Haupthaus sowie ein seitlich sich anschließender Zweiflügelbau gehören, ihre Anfänge in der Errichtung einer Papiermühle hatte. Diese entstand gegen Ende des 17. Jahrhunderts auf dem Besitztum der Familie Wiltheim. Hier hatten Mönche zur Deckung ihres zunehmenden Papierbedarfs eine Produktionsstätte aufgebaut und ein Wohnhaus in klassizistischem Stil errichtet. Wirtschaftliche Schwierigkeiten sowie familiäre Konflikte führten 1882 schließlich zur Stilllegung der Senninger Papierfabrik. Noch im selben Jahr erwarb der französische Industrielle Ernest Dervaux die ehemalige Produktionsstätte. Unter ihm erhielt die Anlage ihre heutige Gestalt. In den Kriegsjahren wurde Schloss Senningen von den Besatzern als Erholungsheim für Künstler genutzt, 1952 kaufte der Staat den gesamten Komplex für die Militärverwaltung. Heute ist es für Jean-Claude Juncker und seine Regierung so etwas wie die Ranch in Texas, auf die George Bush seine Gäste einlädt, oder die Dacia, in der Wladimir Putin empfängt.

MOHRFELSMÜHLE LUXEMBURG-PFAFFENTHAL
Bis zum bitteren Ende ...

Unmittelbar nach dem Öffnen der morschen Holztür schlägt einem ein unangenehmer Modergeruch entgegen, Tauben fliegen verschreckt durch die verlassenen Gemäuer, Schutt und Baumaterial künden davon, dass bereits mehrfach versucht wurde, den weiteren Verfall der Ruine zu stoppen. Dennoch ist die Zukunft der einst stolzen Mohrfelsmühle in Luxemburg-Pfaffenthal ungewiss. Falls es überhaupt eine für die einstige „Moschterfabrik" gibt ...

Eigentlich will die vor sich hin dümpelnde Ruine der Mohrfelsmühle gar nicht zum ach so pittoresken Gesamterscheinungsbild des Stadtteils Pfaffenthal passen, dessen einstiger Glanz in mühevoller Kleinarbeit über Jahre hinweg – teils auf Bestreben und mit der Unterstützung der Stadt Luxemburg – wiederhergestellt wurde. Unverblümt ausgedrückt ist die Mohrfelsmühle, die bis 1985 die „Moutarderie luxembourgeoise" beherbergte, der Schandfleck neben dem „Hospiz" genannten Seniorenheim. Einzig der am Hausgiebel prangende verblasste Schriftzug „Moutarderie luxembourgeoise" kündet in kapitalen Lettern von besseren Zeiten.

An den Mauern hat unverkennbar der Zahn der Zeit genagt, Fenster wurden mit Brettern verschlossen, im Innern wurden die hölzernen Fußböden teilweise notdürftig durch solche aus Beton ersetzt. Arbeiten, die ausgeführt wurden, um offenbar einen allzu schnellen endgültigen Verfall der Mohrfelsmühle einzubremsen. Wohl weil man Zeit schinden wollte, um zu überlegen, was denn mit der ehemaligen Senffabrik geschehen soll ...

Seit deren Schließung im Jahre 1985 haben die hier zu Lande nicht selten widrigen Witterungsbedingungen Spuren hinterlassen. Von Wiederinbetriebnahme der Mühle ohne umfangreiche Wiederbelebungsmaßnahmen kann zurzeit keine Rede sein.

Morbide Stimmung

Im Inneren der „Moschterfabrik" herrscht eine geradezu morbide Stimmung. Alles hat den Anschein, als ob das Haus 1985 fluchtartig verlassen wurde. Die Produktionsanlagen mitsamt vier Mahlsteinen sind fast vollständig erhalten.

Um sie zumindest einigermaßen vor dem Vogelkot zu schützen, wurden sie in Kunststofffolie eingepackt – eine von vielen Initiativen der unermüdlichen Mitglieder des lokalen Interessenvereins, der sich seit Jahrzehnten für den Erhalt der Mohrfelsmühle stark macht. Selbst (verstaubte) papierne Abfüllbecher aus der Gründerzeit des Unternehmens sind hie

Die Riemenantriebe der Maschinen sind fast vollständig erhalten.

und da zu finden, wenn man sich über notdürftig platzierte Leitern beschwerlich Zugang zu den einzelnen Stockwerken verschafft hat. Treppen gibt es keine mehr, auch das Mühlrad, über das die Wassermassen der Alzette einst die Mahlsteine antrieben, sucht man vergebens.

Die Achse sowie die Antriebstechnik, bestehend aus Wellen, Zahnrädern und Lederriemen, sind hingegen erhalten. Dem Holz des Mühlrads hatte die Feuchtigkeit im Lauf der Jahre offenbar so stark zugesetzt, dass das zuständige Amt der Stadtverwaltung kurzerhand beschloss, das arg in Mitleidenschaft gezogene Mühlrad ganz abzumontieren. Aus Sicherheitsgründen. Aus denselben Gründen sind die Zugänge zur Mohrfelsmühle auch verschlossen worden. Unbefugte haben keinen Zutritt!

Den Verantwortlichen des lokalen Interessenvereins, des „Syndicat d'intérêts locaux", schwebt vor, die „Muerbelsmillen" von Grund auf zu restaurieren, in ihren ursprünglichen Zustand zurückzuversetzen, ebenso die noch vorhandenen Gerätschaften und so die ehemalige „Moschterfabrik" wieder aufleben zu lassen – als eine Art

Heavy Metal: Das Zahnradwerk des Mühlrades wartet scheinbar darauf, in Bälde wieder in Betrieb genommen zu werden ...

Dem Mühlrad hatten Wasser und Feuchtigkeit so stark zugesetzt, dass es abmontiert werden musste.

„Die Mühlen des Luxemburger Landes" von Emile Erpelding aufgearbeitet. Und in einem Beitrag – ebenfalls von E. Erpelding – in der anlässlich des 125. Jubiläums der Pfaffenthaler Vereinigung „Sang a Klang" veröffentlichten Festschrift ist zu lesen, dass die Mohrfelsmühle im Jahre 1083 in der „ersten Stiftung" des Grafen Konrad mit anderen Gütern und dem Wasser (Alzette) von der Sankt-Uldarichsbrücke in Grund bis zum Mohrfelsen mit allen Gebrauchsrechten an die Münsterabtei abgetreten wurde – woraus wiederum

Museum, das Kindern und Jugendlichen wie auch Erwachsenen zeigen soll, wie einst – also bis 1985 – in Luxemburg Senf hergestellt wurde.

Lokalhistoriker Fernand Théato hatte die „Muerbelsmillen" Ende der 1990er-Jahre in einem Artikel im „Luxemburger Wort" als älteste, noch weitgehend funktionsfähige Mühle auf dem Gebiet der Stadt Luxemburg bezeichnet und ihre Geschichte unter Zuhilfenahme des Buches

Eine mechanische Industrie-Waage wird in einigen Jahren ein sehenswertes Utensil mit Seltenheitswert sein.

hervorgeht, dass die Mühle bereits lange vorher bestand und unter den Grafen von Luxemburg, wahrscheinlich bereits seit Siegfried, in Betrieb war.

Bis 1910 wurde die Mohrfelsmühle als Getreidemühle betrieben, 1922 dann wurde sie zur Senfmühle umfunktioniert, die ihr den auch heute noch bekannten Beinamen „Moschtermillen" bescherte. Wehmut schwingt in den Worten von Fernand Théato mit, wenn er von der Zeit erzählt, als die Senfmühle in Betrieb war und die Senfkörner mit erstaunlich niedriger Geschwindigkeit von den Lavagranitsteinen gemahlen wurden. Durch eben diesen langsamen Verarbeitungsprozess sei das Aroma der Senfkörner mangels Aufheizung der Mahlsteine nicht zerstört worden, so der Lokalhistoriker.

Auf dem Weg zum Museum?

Die über 1 000 Jahre alte Mohrfelsmühle ist die einzige noch vollständig erhaltene Mühle auf dem Gebiet der Stadt Luxemburg. Sie ist heute Besitz der „Hospices civiles" der Hauptstadt, denen auch das angrenzende Seniorenheim gehört. Während der lokale Interessenverein weiterhin für den Erhalt der „Muerbelsmillen" als didaktisch aufbereitetes Museum plädiert, zielen die jüngsten Pläne des hauptstädtischen Gemeinderates auf die Nutzung der Infrastrukturen als Studentenwohnheim oder als zusätzliches Gästehaus der Pfaffenthaler Jugendherberge ab. Demnach wird die altehrwürdige Mühle wohl nicht weiter ihrem Schicksal überlassen sein; ob sie die Nachwelt aber über die handwerkliche Herstellung von Luxemburger Senf informieren wird, ist bis auf Weiteres ungewiss.

Während die Stadt Luxemburg pragmatischere Nutzungsmöglichkeiten in Erwägung zieht, ist den Mitgliedern des lokalen Interessenvereins am Erhalt der „Moschtermillen" als Andenken an die handwerkliche Senfproduktion in der Hauptstadt gelegen. Sie werden sich weiter für „ihre" Mühle einsetzen und ihren Senf zu allen entsprechenden Diskussionen dazugeben ... bis zum bitteren Ende.

Von der Ruine zum Mühlenmuseum? Angesichts der noch vorhandenen Maschinen dürfte dem nichts im Wege stehen ...

KALKSTOLLEN WASSERBILLIG
Schoß mit See, schroff und staubig

„Es fällt nicht schwer, diesem Inferno den Rücken zu kehren." Mit diesem vernichtenden Urteil setzt François Mathieu seine Wanderung fort. Im zweiten Band seiner Chronik „Wasserbillig im 19. und 20. Jahrhundert" beschreibt er Anfang der 1980er-Jahre einen Spaziergang von der Sauermündung zu dem Ort genannt Schleid. Dabei kommt der bekannte Lokalhistoriker Mathieu (1912–1986) auch an dem Kalkwerk im Tal des Sernigerbachs vorbei. Die Wolfsmühle an der Strecke Wasserbillig-Moersdorf markierte einst dessen Mündung in die Sauer. „Aber die Stelle, wo das Mühlenrad sich drehte, wirst du nicht mehr wiederfinden, denn die Sohle der Schlucht kann sich kaum noch der steinernen Eingeweide erwehren, die von Menschenhand der Erde entrissen und hier aufgetürmt worden sind", schreibt Mathieu. „Und der Bach verkriecht sich streckenweise unter dicke Steinplatten, als ob ihm die Plünderung des Berges Furcht einflöße."

Szenenwechsel. Die Finsternis ist absolut, es herrscht Totenstille. Drei Mal im Jahr wird die Ruhe aber gestört. Dann sind menschliche Schritte in dem Säulenlabyrinth zu vernehmen, die Lichtkegel der Taschenlampen tasten Decken und Wände nach möglichen Gefahren ab. Was sie zum Vorschein bringen, ist manchmal wunderschön, schroffes Gestein, das sich im kristallklaren Wasser eines unterirdischen Sees spiegelt, manchmal beängstigend, wenn tonnenschweres Geröll den Weg versperrt.

Stummer Schlund

Wir befinden uns in den Stollen des Wasserbilliger Kalkwerks, in dem aber eigentlich kein Kalk, sondern Dolomit abgebaut wurde, denn das Gestein hier in der Moselgegend enthält Kalzium und Magnesium. Daher auch der frühere Name: Dolomithartsteinwerk Wasserbillig. Das Werk gibt es schon lange nicht mehr, seine Grube indes, die besteht fort. Die gehört heute der TKDZ s.à r.l. Wasserbillig, ehemals DHW Wasserbillig.

Am Gatter, das von einer Eisenkette zusammengehalten wird, hängt ein blaues Schild mit dem unmissverständlichen Hinweis: Helmpflicht! Es hat auch schon bessere Zeiten erlebt, wie fast alles hier. Wilde Pflanzen haben sich des Eingangs bemächtigt, und nur die Ziegel, mit denen der obere Teil der Öffnung in den Fels zugemauert wurde, lassen erahnen, wie mächtig sie einst war. Sie bildet den Eingang zum unteren der beiden Lager, wie die Gesteinsabbauplätze im Fachjargon genannt werden. Auch über die wahrhaft gigantischen Ausmaße

Die Galerien verlaufen entlang der Trierer Autobahn, die hier, gerade eben erst auf großherzoglichem Boden angekommen, schon wieder abhebt, um die Schlucht des Sernigerbachs zu überbrücken. Als François Mathieu seinen Spaziergang unternahm, waren auf der A1 noch keine Autos unterwegs. Trotzdem war ihm in dem Tal schon zu viel Verkehr. „Mit einem einzigen Blick kann ich die Werksanlagen überschauen, die in der Tiefe der Schlucht liegen: Förderbänder, Sortiermaschinen, Splittsilos, Backenbrecher, Eisengerüste, Rohrschlangen, Schaufelbagger, Blechkisten, Kabelnetze, abgestützte Öffnungen in der Bergwand, Lastwagen, die der Berg verschluckt, andere, die er wieder ausstößt. Ich sehe die Eingänge der Stollen, in denen die Einwohner von Wasserbillig im September 1944 evakuiert waren. Und tief im Vordergrund plätschert der Sernigerbach durch die Zwangsjacke einer künstlichen Steinrinne. Das alles ist eingehüllt im typischen Gepolter und Staubgewirbel eines industriell betriebenen Hartsteinwerkes."

Optische Täuschungen

Obwohl das Kalkwerk mittlerweile das gleiche Schicksal ereilt hat wie die Wolfsmühle, so hat der Verkehr in dem engen Tal doch nicht abgenommen. Im Gegenteil: Tagein, tagaus flitzen Autos über die Brücke oder suchen sich ihren Weg durch das Tal über eine ziemlich abenteuerliche Autobahnauffahrt. Nicht zu vergessen die vielen Lkws des Unternehmens Wickler, das sich anstelle des Kalkwerks dort implantiert hat. Ein regelmäßiger Gast ist auch die Feuerwehr. Am Eingang zum oberen Stollen steht nämlich die Ragtal, die regionale Atemschutzgeräteträger-Trainingsanlage.

Außen gestalten die Menschen die Erdoberfläche scheinbar nach Belieben. Im Innern lässt

Rostendes Relikt: Das Gerüst des Brechers durfte der Fels behalten.

des Wasserbilliger Kalkwerks unter Tage verrät sie nichts. Rund 500 Meter geht es hinein in den Berg, und das auf einer Breite von schätzungsweise 1 500 Metern. Etwa 14 Meter darüber befindet sich das obere Lager. Es sei doppelt so groß, versichern Ortskundige.

Schönheit unter Tage: Die Galerien folgen der Ader des hochwertigen Gesteins.

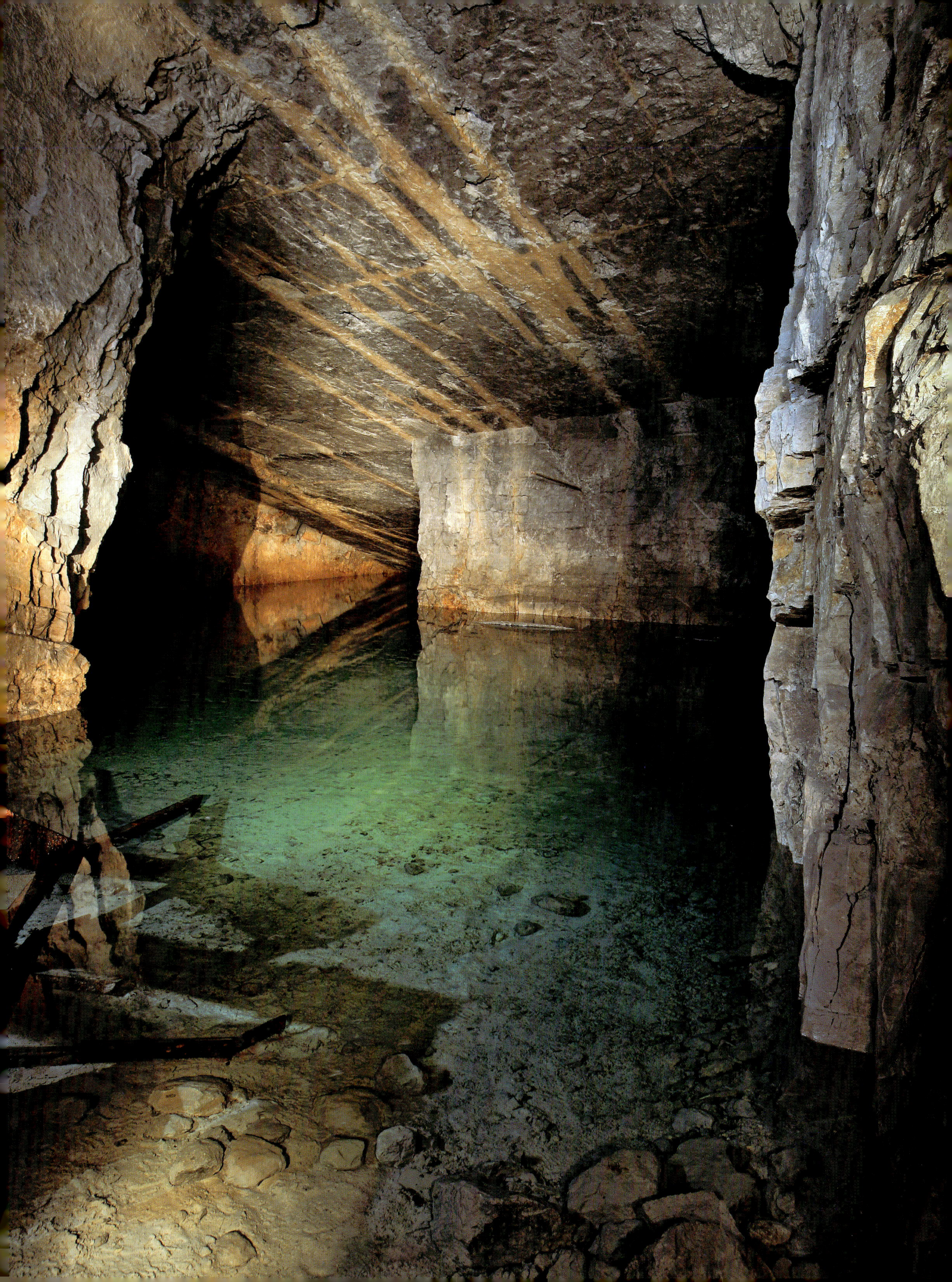

te Oberfläche verlängert die Konturen der umgebenden Felsen so originalgetreu, dass man sich immer wieder einreden muss, dass da wirklich Wasser vor einem steht. Es ist Grundwasser, das sich hier sammelt, seit die Pumpen abgeschaltet wurden.

Rostende Relikte

Während im benachbarten Moersdorf der Abbau oberflächig erfolgt, wurde in Wasserbillig – wie übrigens bis heute in Wellen, wo die Abbaufläche unter Tage nicht weniger als 330 Hektar beträgt – im Untertagebau gearbeitet. Und zwar nach dem System des Kammer-Pfeiler-Abbaus. Dadurch, dass etwa 25 Prozent des abbauwürdigen Materials stehen gelassen werden, kommen die Galerien ohne zusätzliche Stützen aus. Die „natürlichen" Pfeiler tragen das Gebirge darüber. Allerdings müssen die Pfeiler auch nach erfolgtem Abbau unangetastet bleiben. Da die Oberfläche nur knapp 40 Meter über dem Lager liegt, käme

Rumms! Alles Gute kommt von oben? Die Antwort darauf ist wohl standortabhängig.

sich Mutter Erde dagegen etwas mehr Zeit. Die Luftfeuchtigkeit liegt stets bei rund 90 Prozent, die Temperatur beträgt jahrein, jahraus 11 Grad Celsius. Mit einer zehnprozentigen Neigung ist das Gefälle relativ stark, aber es galt der natürlichen Kalkader des Berges zu folgen. Etwa sechs Meter breit war die Schicht des hochwertigen Gesteins, was darüber lag, war weniger gut, gab aber dafür eine hervorragende Decke ab.

Bis zur endgültigen Stilllegung im Jahre 1985 verkehrten in den unterirdischen Gängen regelmäßig Lkws. Sie halfen des Berges begehrte Fracht ans Tageslicht zu bringen. Zahlreiche Reifenspuren im Kalkstaub zeugen noch heute von ihrer Präsenz. Da die Zufahrten verwildert sind, überall Gesteinshaufen liegen und am Ende des unteren Lagers ein stiller See ruht, sind Fußmärsche heute das beste Erkundungsmittel. Grün-blau schimmert das kalkangereicherte Wasser im Lichte der Taschenlampen. Seine glat-

Spieglein, Spieglein im finsteren Kalkwerk: Bist du überhaupt ein Spiegel oder doch eher ein See?

es dort bei Einstürzen zu „Veränderungen". Mit ein Grund dafür, dass niemals bewohntes Gebiet untertunnelt wird.

In Wasserbillig wurde für den Straßenbau und die Stahlindustrie abgebaut. Zuerst wurden Löcher in den Fels gebohrt, dann wurde gesprengt. Transportfahrzeuge brachten das Material zum Brecher, der es auf eine Körnung von 120 mm reduzierte. Über Förderbänder wurde das Material anschließend nach „über Tage" verfrachtet und gesiebt. Lastwagen transportierten es in den Hafen von Mertert, wo es auf Schiffe oder die Schiene verladen wurde. Die weltweite Stahlkrise läutete dann aber auch den Niedergang des Kalkwerks in Wasserbillig ein.

Seither rosten einzelne Relikte in dem Stollen vor sich hin. Etwa das Gerüst, auf dem der Brecher stand. Ein Rollloch, eine Verbindung zwischen den übereinander liegenden Lagern, machte es möglich, dass er von beiden Ebenen aus gefüllt werden konnte. Rostrot ist auch die dominierende Farbe am zentralen Wasserbehälter. Aus den einzelnen Stellungen wurde das Wasser hierhin gepumpt, von der Sammelstelle ging es dann nach draußen.

Flugasche und Luftschutz

Durch den rezenten Anstieg der Rohstoffpreise könnte eine Wiederaufnahme des Förderbetriebs in Wasserbillig unter Umständen rentabel werden. Da dies aber aufgrund der langen Zeit der Stilllegung eine sehr hohe Investition voraussetzt, ist so ein Schritt doch eher unwahrscheinlich. Zwischendurch gab es auch schon Überlegungen, die Gruben anderweitig zu nutzen. So sollte Flugasche von der Müllverbrennungsanlage des Sidor in Leudelingen im Kalkwerk endgelagert werden. Im Stollen selbst zeugen auch noch Überreste von Versuchen von diesen Plänen. Flugasche wurde hier aber nie deponiert. Bürgerproteste wussten dies zu verhindern.

Und auch auf eine andere Nutzung kann wohl jeder getrost verzichten: Im Zweiten Weltkrieg suchte die Zivilbevölkerung aus Wasserbillig Schutz in den Stollen. „Fünf Wochen im Schoß der Erde" hat François Mathieu dies genannt. Am 1. September 1944 hätten nicht weniger als 1 500 Menschen der Erde ihr Leben anvertraut. Ein Exodus ins Ungewisse. Bis Ostern 1945 dauerte die Flucht unter Tage. Der Dolomitstollen als Luftschutzbunker. Es soll Erinnerung bleiben ...

Kammer-Pfeiler-Abbau: Etwa 25 Prozent des abbauwürdigen Materials werden stehen gelassen.

漢一世人

CHINOISERIEN IM KLOSTER DER FRANZISKANERINNEN
Guanyin in Lúsēnbǎo

Jeder fünfte Mensch auf Erden ist ein Chinese, und China die Werkstatt der Welt. Den Button „I love mäi fräie Sonndeg", den wir am Tag der Arbeit stolz auf unser Jackett heften, trägt ganz klein den Schriftzug „Made in China". Der Osten boomt, und im Westen nichts Neues. Der chinesische Drache feiert seinen Aufstieg mit Biss. Vor hundert Jahren aber war das noch anders. China brauchte damals Hilfe. Pioniere aus Europa reisten nach Fernost, um dort ihr Know-how an den Chinesen zu bringen.

Einer von ihnen war der 1864 geborene Hütteningenieur Eugène Ruppert, eine Mischung aus Marco Polo, Tintin und Indiana Jones. 1894 zog es den jungen Mann ins Reich der Mitte, nachdem er zuvor mit Bravour ein Studium der Metallurgie in Aachen absolviert und danach als beigeordneter Direktor in einer Hütte in Duisburg gearbeitet hatte. China schickte sich damals an, seine ersten Schritte auf dem Gebiet der modernen Eisenverhüttung zu machen, und Ruppert, den man bald hierzulande den „Chinesen" nannte, wurde technischer Direktor des belgischen Cockerill-Hochofenwerkes in Hanyang in der Provinz Hupeh in der großen chinesischen Ebene im Zentrum Chinas.

Nur vier Jahre nach seinem Amtsantritt musste der junge Mann krankheitshalber heimkehren. Er erstellte vorübergehend ein Gutachten über die Erzvorkommen in Japan, wurde für kurze Zeit Direktor eines Hochofenbetriebes in Dortmund und brach 1903 wieder auf nach Hanyang. In China blieb er, bis ihn 1911 die Revolution und der darauf folgende Bürgerkrieg definitiv zur Heimkehr zwangen.

Während seines Aufenthalts hatte Ruppert sich eine Fülle von wertvollen Kunstobjekten und Antiquitäten angeeignet. Und da er keine direkten Nachkommen hatte, gelangten bei seinem Tod im Jahre 1950 die exquisiten Chinoiserien in den Besitz des Ordens der Franziskanerinnen. Die Schwestern und Ruppert waren nämlich zur selben Zeit in China präsent; Ruppert, um die chinesische Stahlproduktion anzukurbeln, die Franziskanerinnen, um das Christentum dort zu verbreiten.

„Little China" im Großherzogtum

Aus Rupperts Nachlass und den Erinnerungsstücken der Ordensfrauen entstand ein winziges Museum, ein „Little China" im Großherzogtum, das ein stilles Dasein im Mutterhaus der Schwestern an der Avenue Gaston Diderich fristet und dort so manche Kostbarkeit aufweisen kann.

Die Ausstellungsobjekte sind vielfältig:

Drache trifft Buddha im Klostermuseum: Der ehemalige Hütteningenieur Eugène Ruppert hat die Chinoiserien zusammengetragen.

Trachten, Puppen, Schuhe für abgebundene Zehen und Sandalen für Kulis; gleich daneben eine Vitrine mit chinesischer Tinte, Schnitzereien aus Bambus, Schreibpinsel, Spielkarten, Flöten, Harfen, Tambouren und Figuren aus der Pekingoper. Mehrere Glasschränke beherbergen chinesisches Porzellan. Die darauf abgebildeten Fabelwesen entführen in eine mystische Welt voller Symbolik: Phönix, Drache, Einhorn, bunte Vögel, Blumen und immer wieder der Pfirsich, Symbol des ewigen Lebens!

Derweil der Industriepionier Ruppert auch Münzen, Waffen, Tabakpfeifen und Schnupftabakfläschchen nach Lúsēnbǎo – so der chinesische Name für Luxemburg – schleuste, schleppte die Oberin der Franziskanerinnen einen gewaltigen Pagoden-Altar aus Kampfer-Holz nach Luxemburg. Man hatte ihr den wertvollen Schrein bei ihrem Besuch der Missionsstation Anfang des vorigen Jahrhunderts geschenkt.

Außer diesem Altar beinhaltet das China-Museum der Schwestern noch kleinere Hausaltäre und Seelenthrone, etliche Ritualgefäße, konfuzianische und taoistische Gottheiten, einige liegende Buddhas sowie Buddhas im Lotussitz, ferner auch die chinesischen Gottheiten des langen Lebens, der Literatur und der Gelehrten sowie der Maler. Guanyin kommt im Museum besonders zur Geltung. Sie ist der weibliche Bodhisattva des Mitgefühls, eine madonnenähnliche Figur der Barmherzigkeit.

Feierlich geht es in einer Ecke des Museums zu, wo eine Familie Hochzeit feiert: Eine geschmückte Sänfte wartet auf die Braut, die einen üppigen Kopfschmuck trägt, daneben die stolzen Eltern, einige Geschwister und etliche Tempelwächter mit grimmigen Blicken. Nur der Bräutigam fehlt. Ob der wohl auf der weiten Reise nach Lúsēnbǎo verloren gegangen ist?

Ein Abstecher ins Museum der Franziskanerinnen lohnt sich. Aber unbedingt vorher anmelden, denn dieses Museum ist nicht öffentlich! Noch schläft der Drache in Lúsēnbǎo ...

Schönes aus China: Elfenbein, Jade, Stein, Holz, Lack, Keramik.

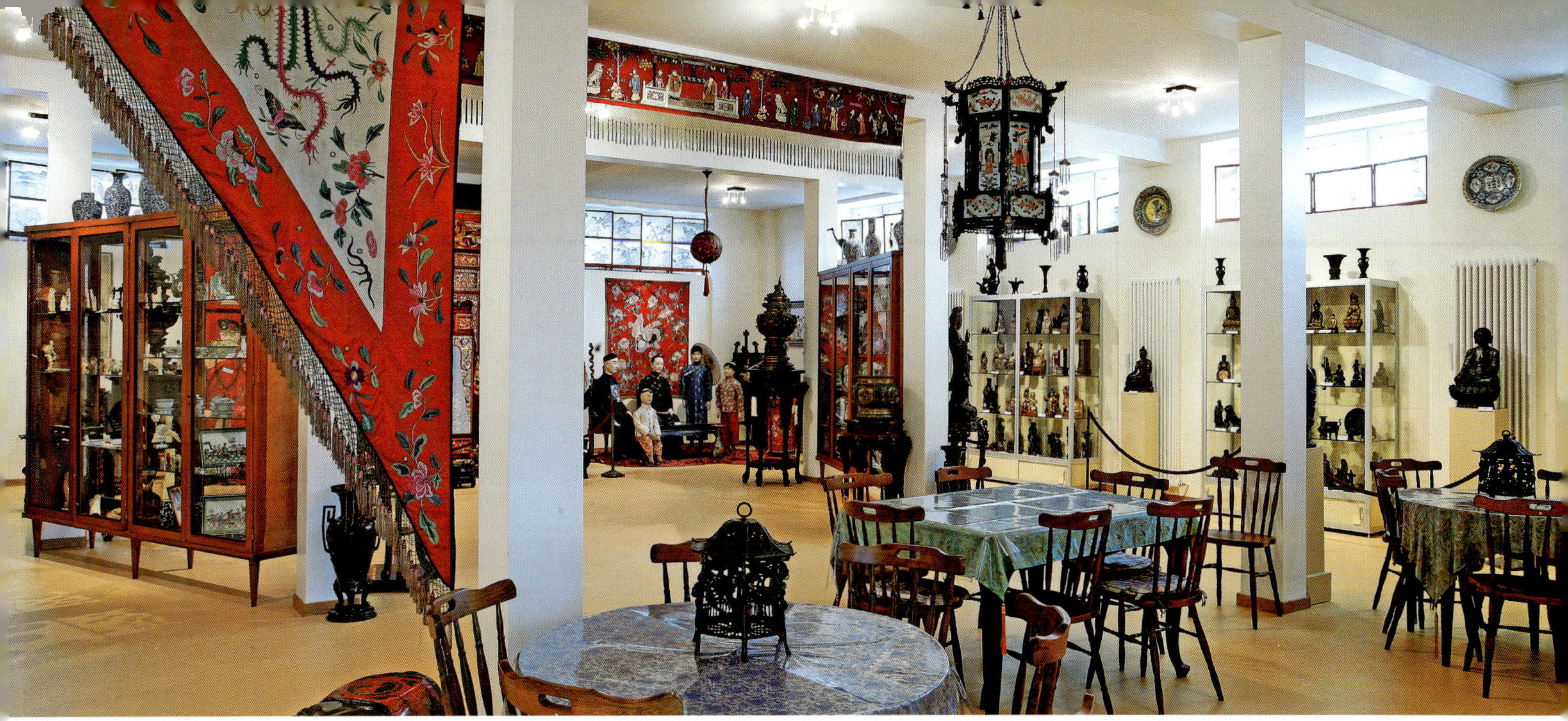

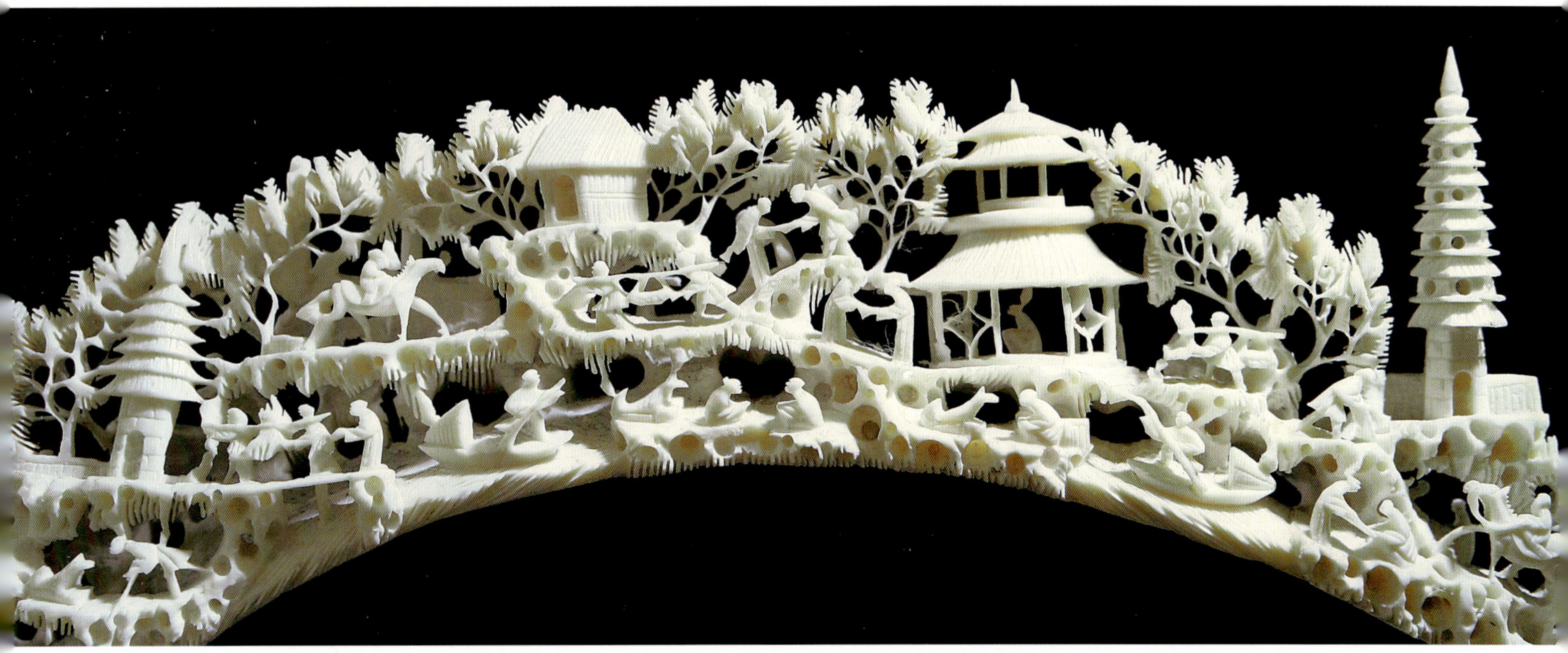

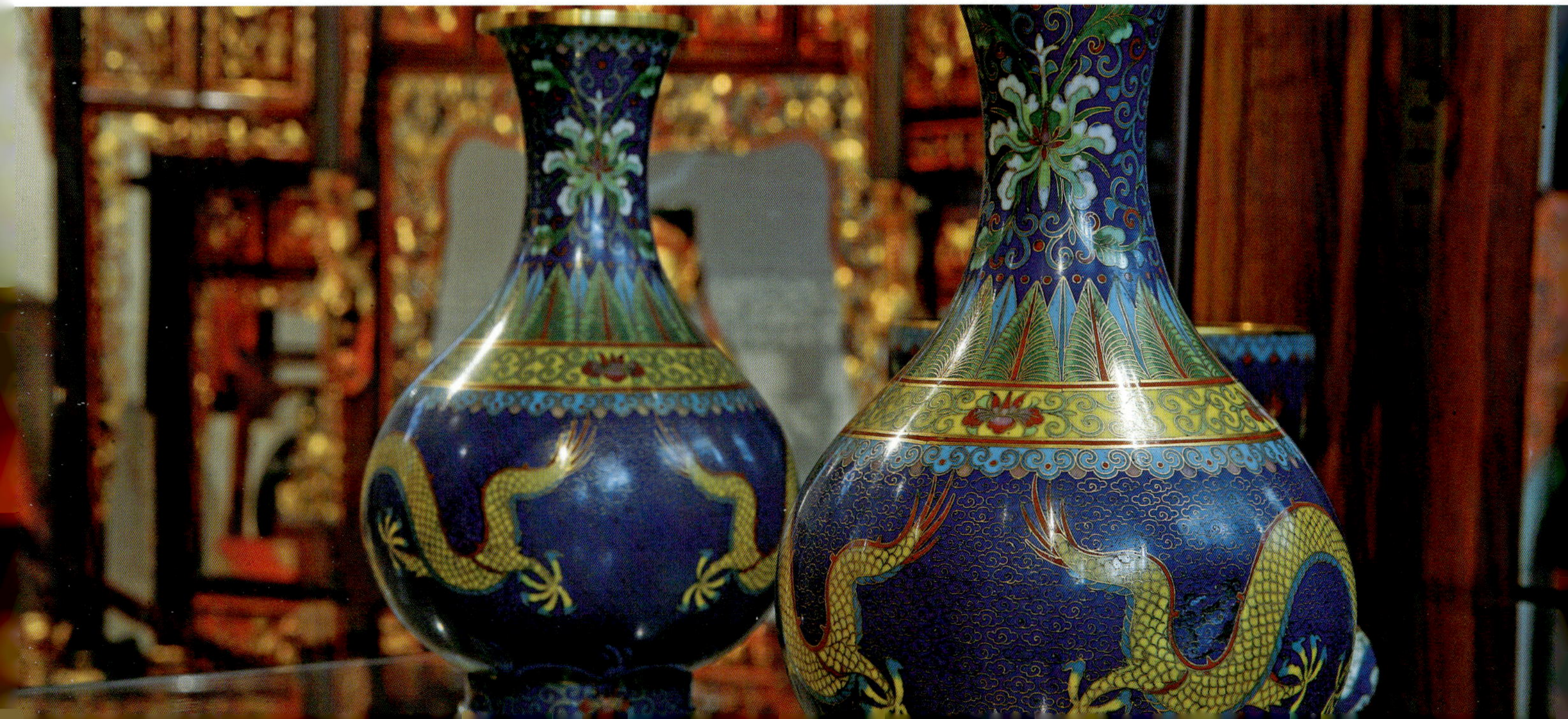

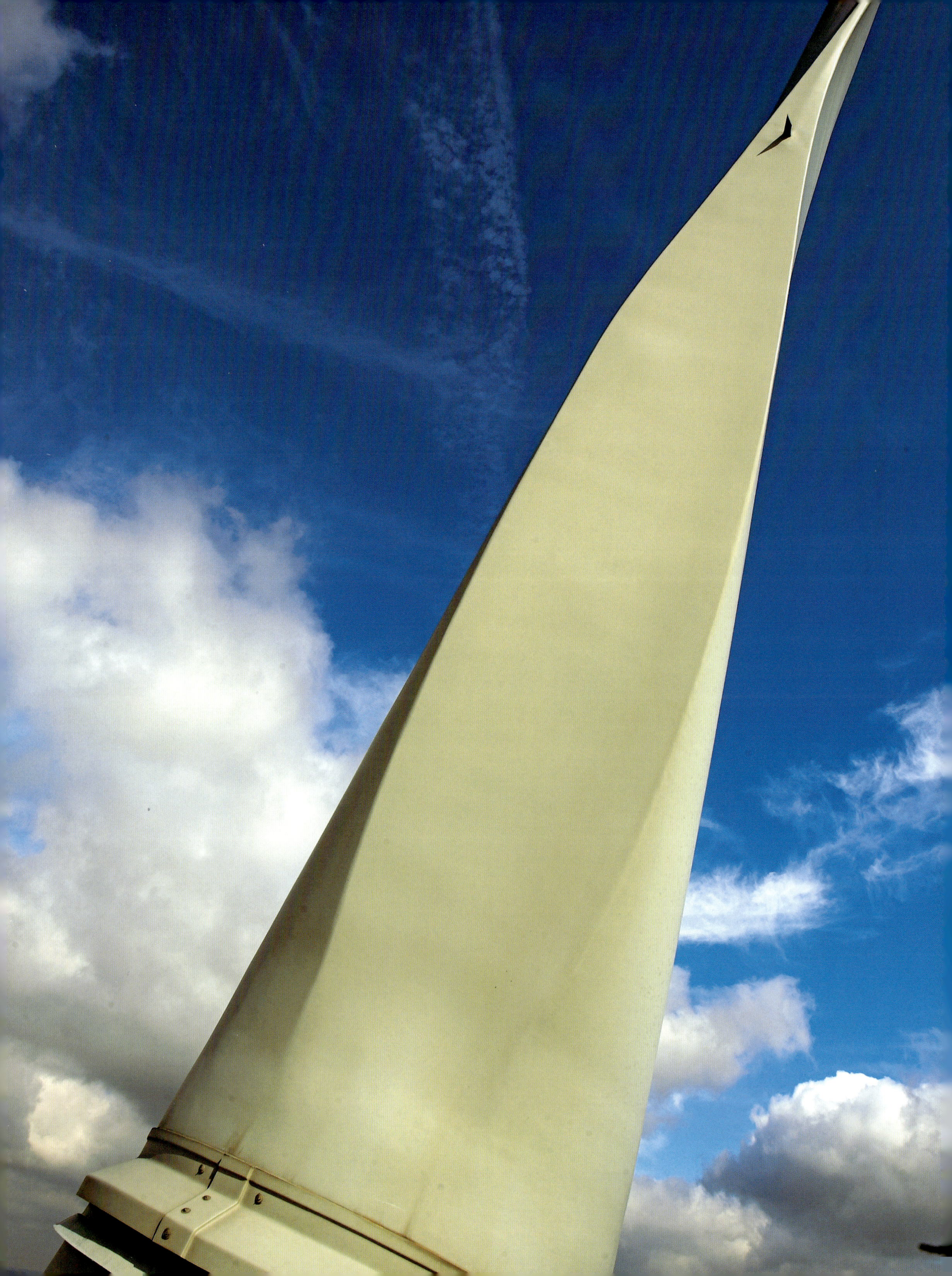

WINDKRAFTANLAGE NR. 8 KEHMEN-HEIDERSCHEID

Brief an Äolus

Lieber Gott des Windes, so sieht also dein Zuhause aus nächster Nähe aus. Ich kannte es freilich schon vom Vorbeifahren, vom Hörensagen und von Fotos. Vor allem von Fotos. Es gibt heute ja kaum noch Werbeprospekte der Investment- oder Automobilbranche, die ohne dich bzw. eine deiner vielen Unterkünfte auf der ganzen Welt auskommen würden. Alle buhlen um deine Gunst, als würde der Anblick eines deiner meist weißen Türme mit einem markanten Propeller dran aus potenziellen Kunden willenlose Konsumenten machen.

Sogar wenn Autoverbände und Reifenhersteller gemeinsam für „grüne Autos" werben, darf dein Antlitz nicht fehlen. Die Freude am Fahren scheint erst dem ungetrübt, der am Fuße von sich elegant nach oben schwingenden Windkraftwerken unterwegs ist. „CleanEnergy" lautet das Zauberwort. Was früher Models, sind heute Windräder. Windparks als Sinnbild für politisch korrektes Handeln. Es lebe die emotionale Konditionierung! Kleiner Tipp, Äolus: Du solltest dir unbedingt die Vermarktungsrechte an Windkraftanlagen sichern – und zwar weltweit. Etwa so, wie sich das Internationale Olympische Komitee die Rechte an den fünf Ringen sicherte. Mit Werbung lässt sich Geld verdienen!

Air = in

Die menschliche Bewunderung für dich und deine Kraft, lieber Gott des Windes, ist aber alles andere als neu. Die Griechen verehrten dich als Aiolos, die Römer huldigten dir als Aeolus. In der Welt der antiken Mythen und Gestalten warst du – welch Wonne – verheiratet mit Eos, der Göttin der Morgenröte. Zeus persönlich hatte dich zum Herrscher über die verschiedenen Winde eingesetzt.

Im Mittelalter besingt dich dann kein Geringerer als Franz von Assisi: In der vierten Strophe seines Sonnengesangs heißt es: „Gelobt seist Du, Herr, durch Bruder Wind und Luft und Wolke und Wetter, die sanft oder streng, nach Deinem Willen, die Wesen leiten, die durch Dich sind."

Schenkt man Homer Glauben, dann bewohntest du, lieber Äolus, seinerzeit die – wie könnte es anders sein? – Äolischen Inseln, die zwischen 30 und 80 Kilometer vor der Nordküste Siziliens liegen. Hier nahmst du Odysseus und seine Gefährten auf und gabst ihnen für die Heimkehr sogar einen Sack mit günstigen Winden, der aber verschlossen bleiben sollte. Als er dennoch geöffnet wurde, entwichen alle Winde auf einmal und das Schiff wurde zu den Inseln zurückgetrieben. Odysseus bat dich daraufhin

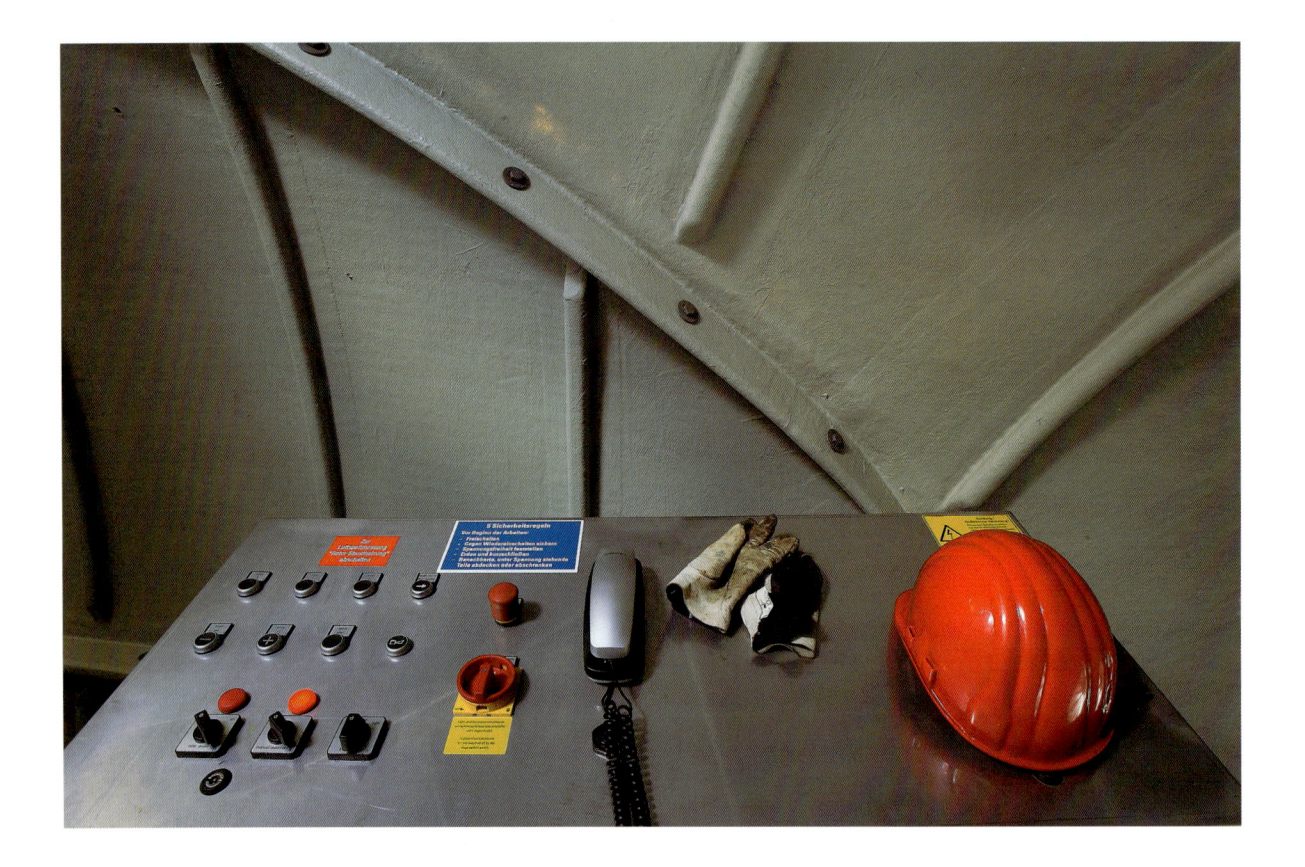

Streng geordnet: Sicherheit und Hightech werden in einer WKA sehr groß geschrieben.

erneut um günstige Winde, du ließest ihn jedoch abblitzen.

Wie sehr der wagemutige Held das wirklich bereute, entzieht sich meiner Kenntnis, zumal du mit der Inselgruppe eine Gegend reich an Reizen zu deiner Residenz auserkoren hast. Ebenso wenig vermag ich zu sagen, ob du heute noch immer da wohnst. Falls ja, liebend gern würde ich dich besuchen kommen. Auf Fotos sehen deine Inseln wirklich bezaubernd aus. Leben wie Gott auf dem Eiland! Allerdings wäre ich froh, wenn sich die Anreise weniger aufwändig gestalten würde als die in deine gute Stube im Ösling. Als eine Delegation der „Société électrique de l'Our" (SEO) dir einen Besuch abstattete, durfte das Top-Secret-Team mit von der Partie sein. Was für eine Plackerei!

Der Reihe nach: Deine Adresse lautet WKA Nr. 8 in Kehmen-Heiderscheid. Für die Nicht-Insider: Die Windkraftanlage Nummer 8 im Windpark zwischen Heiderscheid und Kehmen, direkt am CR 308 gelegen. Zehn Anlagen gibt es auf der windigen Anhöhe, sieben davon gehören zu Beteiligungen der SEO. Nummer 8 hat den Vorteil, dass sie sich ganz am Rande der WKA-Gruppe befindet. Von oben hat man also nicht nur einen atemberaubenden Blick auf die Feelener Hecken, sondern auch auf die anderen Windräder, wie sie aus dem Boden sprießen, den Himmel erobern, durch die Luft wirbeln.

Wie stark bläst du, Äolus? Ein Windmesser hilft, die Rotorblätter richtig einzustellen.

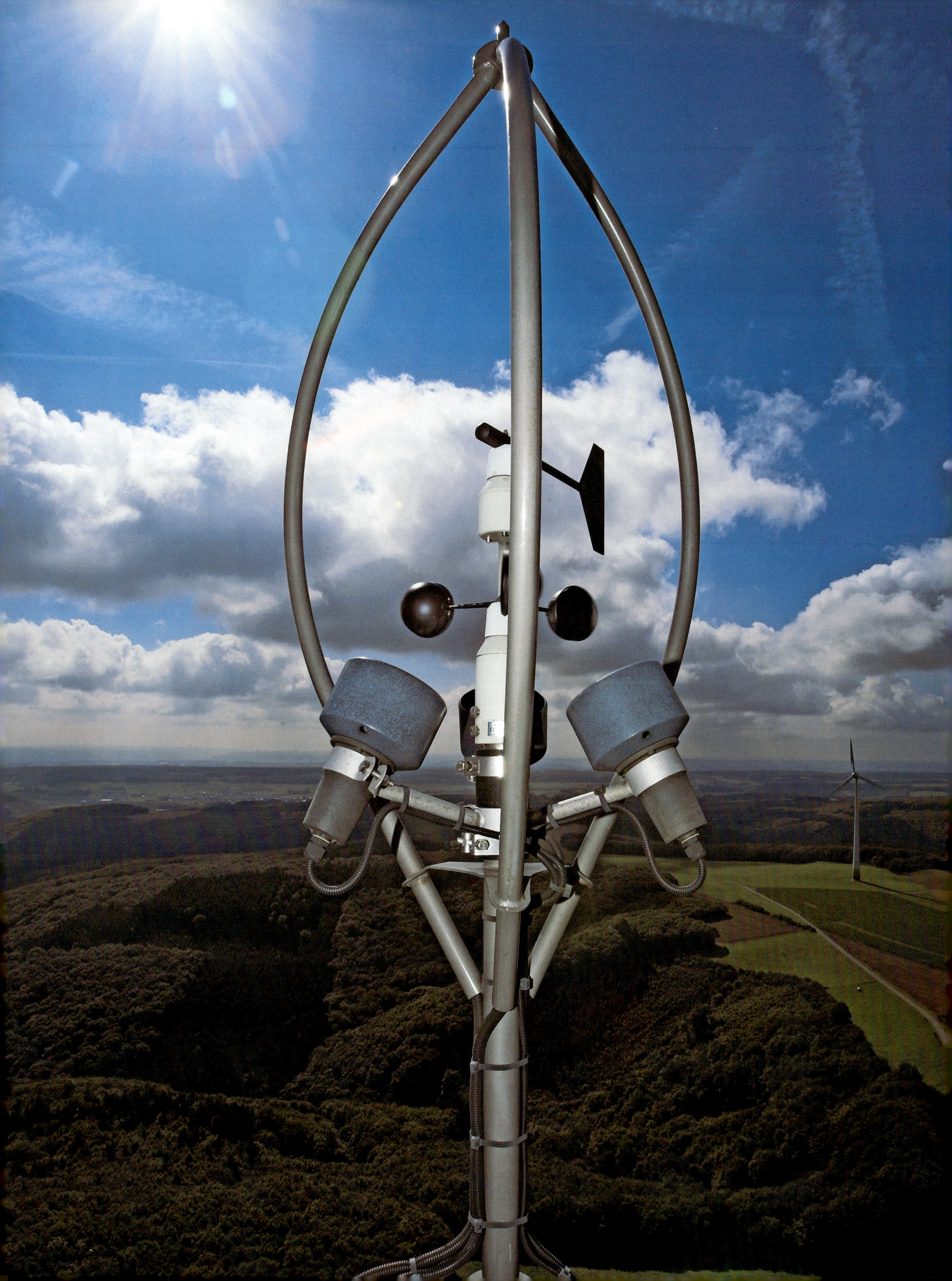

*Von Angesicht zu Angesicht:
Blick aus der WKA Nummer 8 auf
die anderen Anlagen des Windparks.*

Wind = Energie

Soweit, lieber Äolus, ist alles im grünen Bereich. Der Heischterwee führt bis an den Fuß deines lang gezogenen Wohnhauses mit dem leicht futuristischen Design. Und ich gebe zu: Es ist schon ein erbauliches Gefühl, so dicht am Fuße einer 98 Meter hohen Windkraftanlage zu stehen und zu beobachten, wie die Wolken über ihr vorbeiziehen und sie immer wieder aufs Neue einstürzen lassen. Eine optische Täuschung der genialsten Art.

Bevor sich die Besuchergruppe aber auf den Weg nach oben in deine gute Stube, auch noch Maschinenhaus genannt, machen kann, gilt es strengste Sicherheitsmaßnahmen zu ergreifen: Helm- und Gurtpflicht! Nach einem Schnellkurs in Klettertechnik stellt sich dann die Gretchenfrage: Seilwinde oder Steigleiter? Wehe dem, der sich für die Seilwinde entscheidet. Der Fahrstuhl, den sie befördert, bietet maximal zwei Personen Platz und bringt einen langsam, aber sicher nach oben. Dort könnten sich die Passagiere dann aber veranlasst sehen, den übermütigen Steigleiterbenutzern eine Mund-zu-Mund-Beatmung zu verabreichen, da diese vor Erschöpfung zusammengebrochen sind. So weit, lieber Äolus, kam es beim Top-Secret-Besuch aber nicht, doch es sei dir versichert, der Aufstieg zu dir ist eine überaus schweißtreibende Sache. Vor allem für Ungeübte!

Dies verhindert dann auch, dass Letztere dem Hohlkörper die Aufmerksamkeit widmen, die er eigentlich verdient. Denn der runde Turm, der

*Außen windig, innen ruhig:
Die Turbine im Maschinenhaus
und der lange Weg zu ihr hinauf.*

WINDKRAFTANLAGE 47

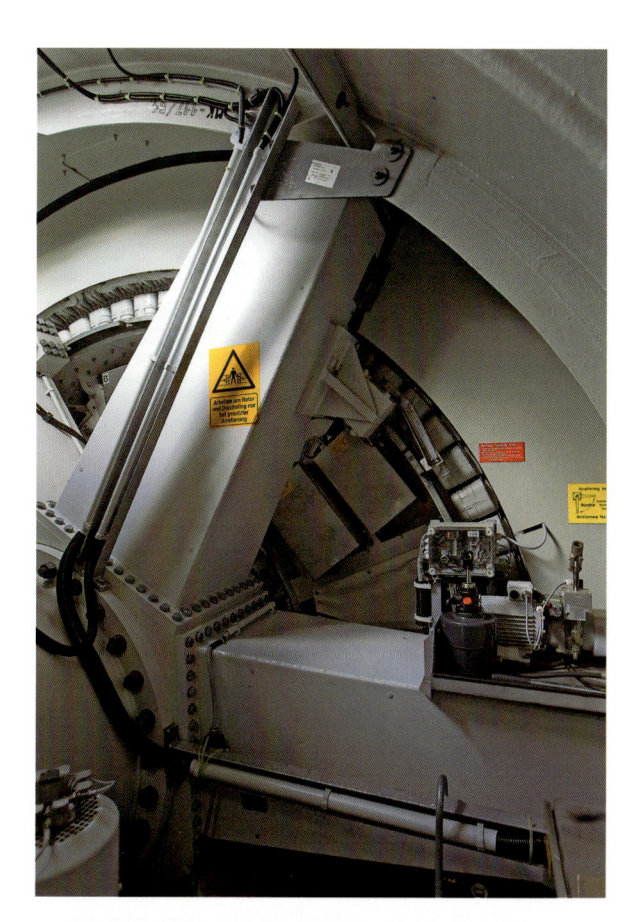

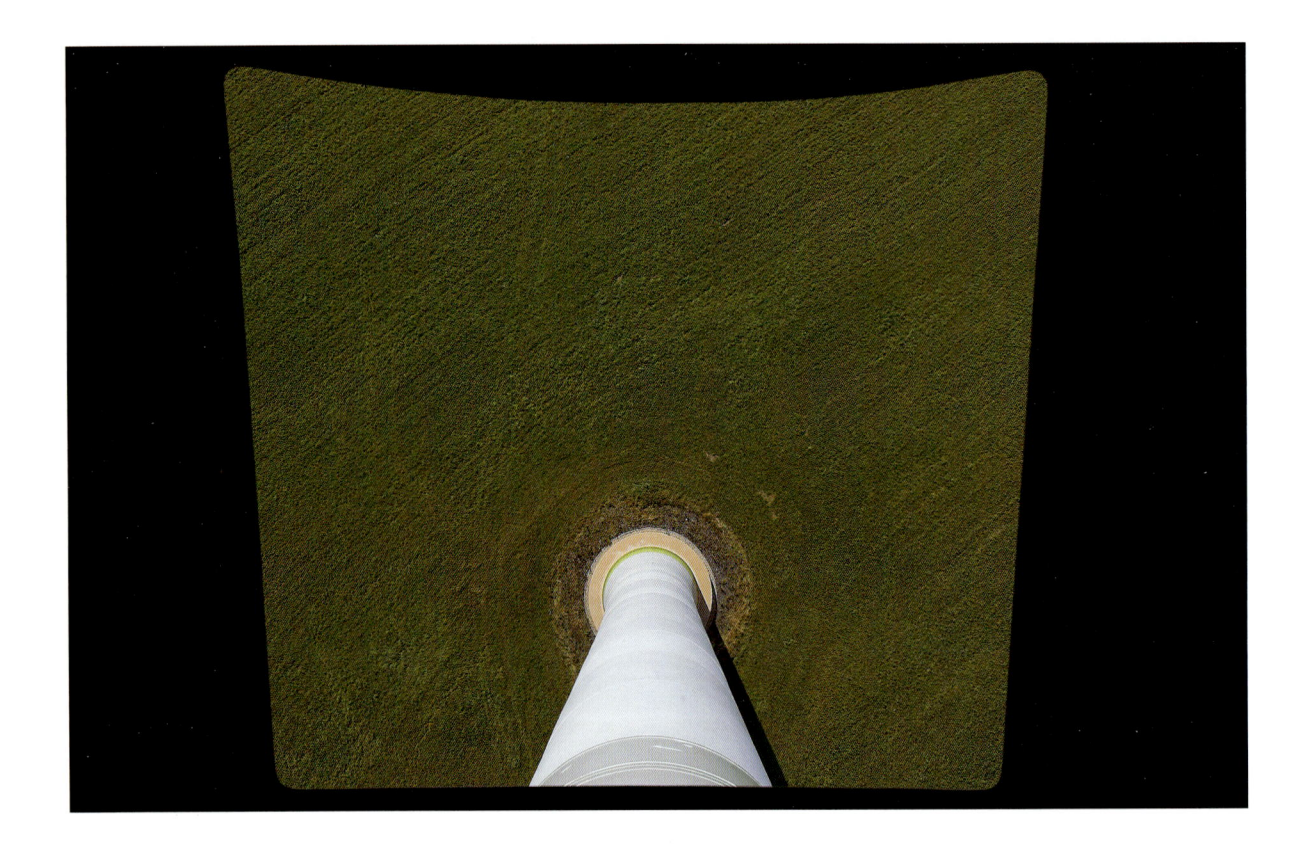

sich nach oben hin verjüngt, ist fast schon ein kleines Kunstwerk für sich. Die an seiner Wand befestigte Leiter führt rund 100 Meter senkrecht nach oben. Je höher man steigt, desto Schwindel erregender ist sie. Und wird man unterwegs vom Fahrstuhl an der Seilwinde eingeholt, gebietet es sich, sich dünn zu machen, damit die frei schwebende Kabine einen nicht anrempelt …

Am Ende der Leiter wird die Sicherung gewechselt und ins überraschend geräumige und mit Technik voll gestopfte Maschinenhaus geklettert. Es beinhaltet das Herzstück der Anlage. In diesem Fall hast du dich, Äolus, für das Modell E 66-18.70 des deutschen Herstellers Enercon entschieden. Die Drehung des Rotors wird auf einen mächtigen Ringgenerator übertragen, der die göttliche Kraft des Windes in elektrische Energie umwandelt. Der Gott der Luftströmungen ist sich also nicht zu schade, selbst den Rotor anzutreiben und so die Stromproduktion anzukurbeln. Da weht er mir doch glatt den Hut vom Kopf!

Der Blick in die Tiefe oder der Beweis, dass man im Maschinenhaus fast nur Luft unter den Füßen hat.

Die Nennleistung des Windkraftwerks beträgt übrigens 1 800 Kilowatt.

Nachhaltig = verantwortlich

Im Wirtschaftsteil der Zeitungen klingt das dann so: Unabhängig dank Wind und Wasser – das sollen uns die sauberen, da erneuerbaren Energien machen. „Nachhaltig investieren" und „sozial verantwortlich handeln" lautet denn auch seit Kurzem das Credo auf den Finanzseiten. Nachhaltigkeit steht dabei (angeblich) für humanes und umweltschonendes Investieren und fußt auf dem Bestreben, langfristig eine für den Menschen sozial und ökologisch lebenswerte Umwelt zu erhalten. Sogar von Philanthropie ist die Rede, allein mir fehlt (noch) der Glaube! Äolus, wem gehörst du? Sicher taugst du als vogelfreier Gott des Windes zum Investitions- und somit zum Spekulationsobjekt. Energie als heißes Anlagethema. Aber bitte, blase denen, die nur zocken wollen, ihre Maske vom Kopf, damit ihre hässliche Fratze endlich zum Vorschein kommt.

Der Wind, der Wind, das himmlische Kind: 65 Prozent der viel geschmähten CO_2-Emissionen werden laut einer wissenschaftlichen Studie allein durch die Produktion von Energie verursacht. Auswege aus dieser „Energiefalle" sucht auch die SEO. Neben dem Pumpspeicherkraftwerk in Vianden und mehreren Laufwasserkraftwerken an Mosel und Sauer ist sie an fünf Windparks in Luxemburg beteiligt: Kehmen-Heiderscheid mit sieben WKAs, Heinerscheid mit elf, Remerschen mit einer sowie Mompach und neuerdings der Burer Bierg bei Givenich mit jeweils vier. Viele Triebe und dennoch nur ein Tropfen auf den heißen Energie-Stein.

Beim Sinnieren über die akuten Energieprobleme des Blauen Planeten rückt urplötzlich die Frage in den Vordergrund: Wo bin ich überhaupt? Ach ja, bei Äolus, dem Gott des Windes, rund 100 Meter über dem Erdboden. Aber: Ist in einer Éolienne wirklich genug Platz für eine ganze Besuchergruppe? Ja, das ist es. Äolus' gute Stube ist gar nicht so klein wie vermutet, und dass sie wirklich in den Wolken hängt, verdeutlicht eine Luke im Boden, über die bei Bedarf größere Teile hineingehievt werden können. Erst wenn alle „Passagiere" sich „angekettet" haben, darf sie geöffnet werden: Entlang des WKA-Turms schweift der Blick 100 Meter senkrecht in die Tiefe …

Es folgt die entgegengesetzte Perspektive. Wer auf den Maschinenträger steigt, das ist sozusagen der Deckel des Turms, der das Haus schultert, kann durch eine Öffnung den Oberkörper ins Freie recken und einen einzigartigen Rundblick genießen. Bei den Wolken ist die Freiheit wohl wirklich grenzenlos: ein wahrhaftiger Götterthron, mit kleiner Wetterstation. Die Regulierung der Blätter zwecks optimaler Windausbeute geschieht vollautomatisch, und bei zu starkem Wind schaltet die Anlage ab.

WKA ≠ AKW

Neben dem Gipfelstürmer ragt eine riesige weiße Fläche rund 35 Meter in den Himmel. Es ist eines der drei Blätter des Rotors, der einen Durchmesser von sage und schreibe 70 Metern hat. An den Enden können je nach Windstärke Drehgeschwindigkeiten von bis zu 200 km/h entstehen. Und da das bisweilen unachtsamen Vögeln das Genick bricht, ist ein heftiger grüner Streit darüber entbrannt, ob WKAs denn nun gut sind für die Umwelt oder nicht. Erinnert ein bisschen an den Vorwurf der „Verspargelung" der Landschaft.

Lieber Äolus, ich will ehrlich zu dir sein, dein Haus ist schlichtweg grandios. Wer's einmal besucht hat, hegt trotz beschwerlichen Aufstiegs eine fast grenzenlose Bewunderung für dich und deine windige Behausung. Am Horizont lässt sogar das Cattenomer AKW der WKA-Gruppe einen Gruß in den Himmel steigen. Doch nur du allein bist frei wie der Wind!

Das Ösling mal aus anderer Perspektive: Windräder können durchaus eine berauschende Wirkung haben.

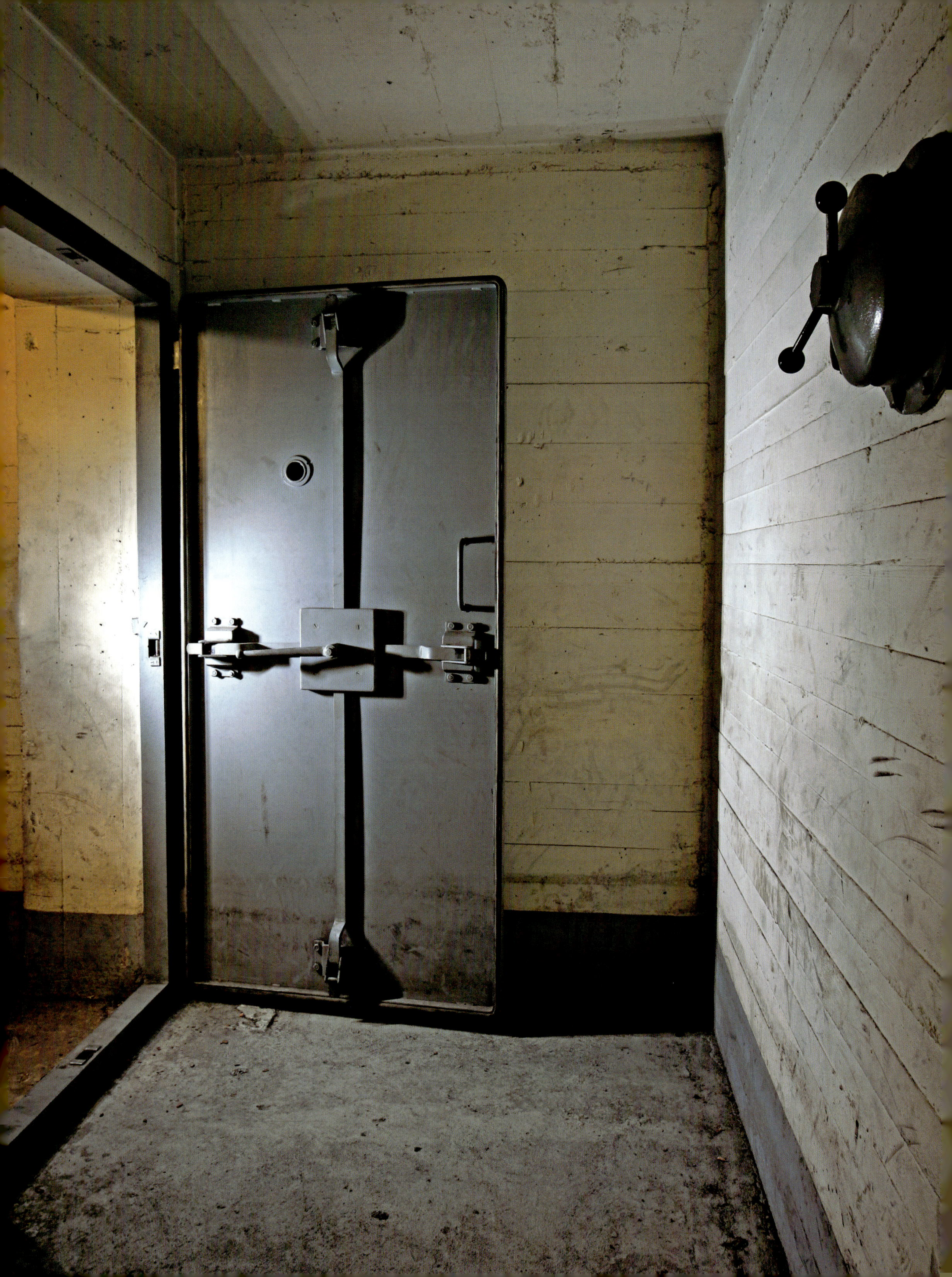

DER SCHUTZKELLER UNTER DER FEUERWEHRKASERNE
Placebo gegen Atompilze

In der Schweiz ist es ganz normal, einen Atombunker im Keller zu haben. Jeder Eidgenosse weiß, wohin er muss, wenn ... tja, wenn wer eigentlich kommt? Der Russe, der Fremde oder der Asylant? In der Schweiz ist man gegen jede Gefahr gewappnet. Und bei uns? Wo stehen die Atombunker Luxemburgs? Wo sich verkriechen, wenn Pershing-II- und SS20-Raketen fliegen, wenn Becquerel und Curie jedes Leben langsam auffressen?

Ja doch, auch bei uns gibt es Atombunker, oder vielmehr, es gab sie! In den Sechziger- und Siebzigerjahren hat das Bauberatungsunternehmen Schroeder&Associés einige Bunker geplant und auch bauen lassen, u.a. unter dem „Stater Kolléisch" auf dem „Geesseknäppchen", unter dem „Lycée technique du Centre" auf Limpertsberg und unter dem neuen Postgebäude am hauptstädtischen Bahnhof. Die unterirdischen Betonklötze wurden jedoch alle zweckentfremdet und sind heute ganz gewöhnliche Keller und Besenkammern.

Einen halbwegs noch funktionstüchtigen Atombunker gibt es aber noch. Er befindet sich unter der Feuerwehrkaserne der Stadt Luxemburg an der Arloner Straße. Eine schwere Metalltür im Untergeschoss führt in die Eingangsschleuse, es folgt eine zweite Tür, ebenfalls aus drucksicherem Metall, dann ist man im Bunker. Zwei Räume, eine Abortzelle, das ist alles, das Ganze über den Daumen gepeilt 50 Quadratmeter groß, laut Feuerwehr jedenfalls ausreichend, um 50 Mann aufnehmen zu können. Willkommen also im Reich der Klaustrophobie, der Angstzustände und der Gewissheit, lebendig begraben zu sein!

Ein festgefahrenes U-Boot

Bei voller Besetzung geht es im Bunker eng zu, und auch ohne Bewohner ist die Luft dünn bemessen. Die Belüftung ist das Problem hier. Wenn es im Bunker menschelt, dann menschelt es auch richtig. Die Temperatur schnellt in die Höhe, der Sauerstoff wird knapp, und der Bunker wird zu einem unter Schutt und Asche festgefahrenen U-Boot: Die Apokalypse oben und darunter Menschen gefangen wie Ratten in einem Käfig.

Die Mauern sind aus Stahlbeton, grob verarbeitet und nach oben etwas schräg, vermutlich um dem Druck einer Explosion besser standhalten zu können. Ein fahles Licht erhellt die Zelle zur Mitte hin, zwei Druckmesser sind an den Wänden angebracht, und ein merkwürdiges Rohr mit duschbrausenförmigen Zuluftventilen schlängelt sich entlang der Decke.

*Druckmesser:
Leben unter der Erde,
eine schwere Last.*

Es handelt sich hierbei um die Belüftungsanlage, die im Bunker so etwas wie die Nabelschnur zum Leben ist. Die Anlage ist alt und wirkt müde. Eine Tafel gibt Aufschluss darüber, wie das Monstrum bedient werden soll. Es gibt drei verschiedene Funktionsweisen, natürliche Lüftung, Normalbelüftung und Schutzbelüftung, wobei im letztgenannten Fall die Luft durch einen Grobsandfilter geleitet wird. Die Lüftungsrohre sind aus Strahlenschutzgründen mehrfach abgewinkelt und durch druckfeste Ventile verschließbar. Das Gerät kann elektrisch und bei Stromausfall auch manuell bedient werden. Dabei muss aber jemand im Bunker die Drehpumpe bedienen, ansonsten besteht nämlich akute Erstickungsgefahr.

Dieser Bunker hat nie richtig gedient und ist heute ein zu Stein gewordenes Relikt des Kalten Krieges. Gebaut wurde die Feuerwehrkaserne in den Jahren 1967 und 1968, also mitten in der Zeit, in der die USA die Sowjetisierung Europas befürchteten. Als 1989 aber die Mauer fiel, der Eiserne Vorhang sich lüftete und das schmelzende Packeis zwischen Ost und West ihre Leichen freigab, tickten die Uhren plötzlich anders, auch in Luxemburg! Mit der Zeit gerieten die finsteren

*Die Belüftungsanlage, das
Herzstück des Atombunkers,
die Nabelschnur zur Außenwelt.*

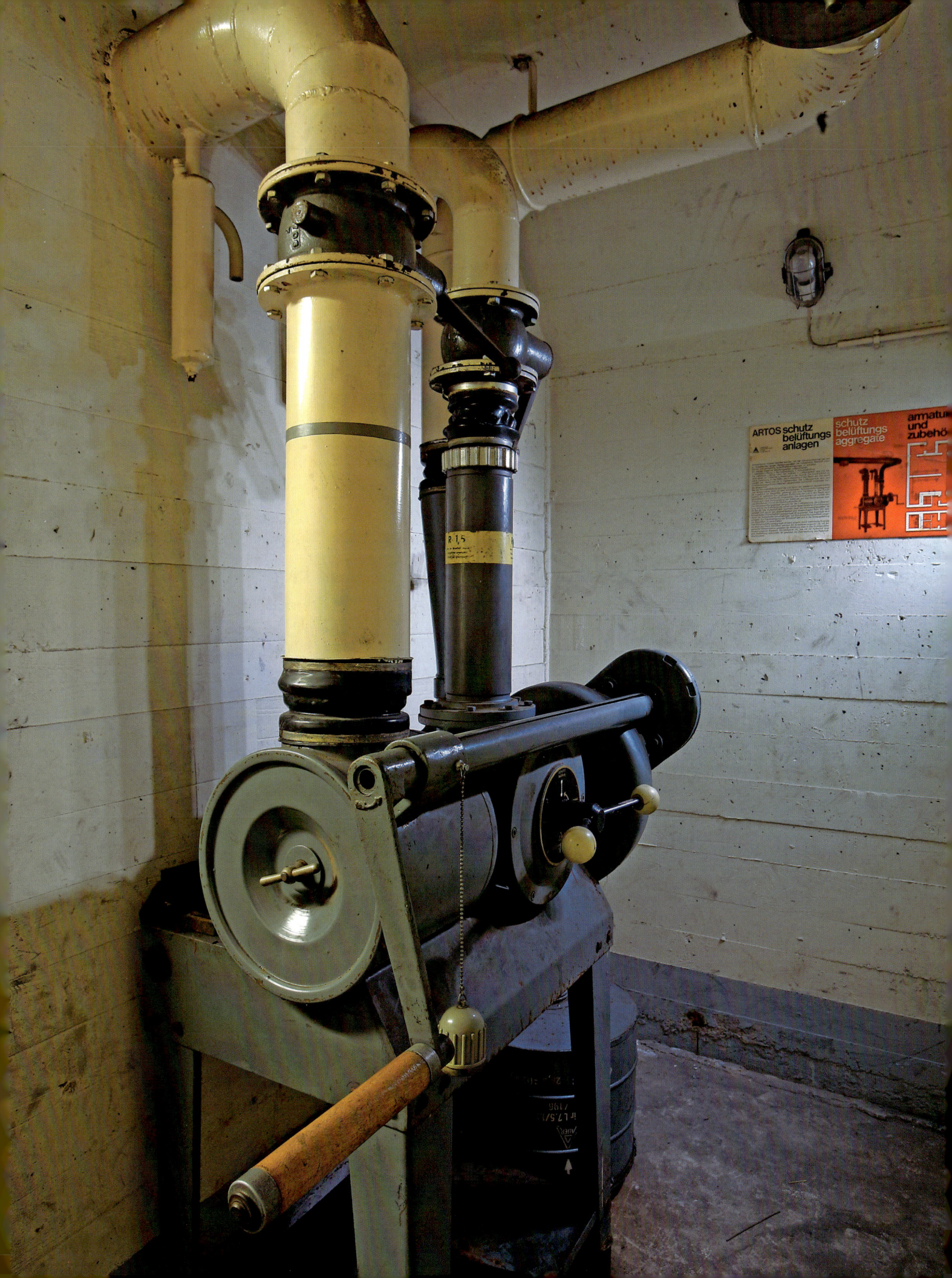

ARTOS schutz belüftungs anlagen

schutz belüftungs aggregate

armatur und zubehö

Ein Bollwerk, das ausgedient hat und nun die Ersatzreifen der Feuerwehr „beschützt".

Brocken aus grauem Beton tief unter der Erde in Vergessenheit.

Kriegsvokabular

Den Begriff Bunker kennen die alten Lexika eigentlich nur als Bezeichnung für den Kohlenraum auf Dampfschiffen. Die gibt es längst nicht mehr, und das Wort Bunker gelangte erst wieder zu neuer Blüte mit dem Krieg. Soldaten schützten sich in Bunkern. Der erste Weltkrieg, „la Grande Guerre", wie die Franzosen sagen, führte einen noch größeren Krieg mit sich im Schlepptau, den Zweiten Weltkrieg, der den Begriff Bunker nochmals umwandelte. Denn wurde bis dahin auf dem Kriegsfeld gekämpft und diente der Bunker zunächst nur als Schutzkeller für Soldaten, so stand plötzlich der totale Krieg draußen vor der Tür und der Bunker wurde gleichzeitig zu einem Unterstand für die Zivilbevölkerung.

Eine Steigerung war hierauf nicht mehr möglich. Albert Einstein soll einst gesagt haben, er wisse zwar nicht, wie ein Dritter Weltkrieg ausgetragen werde, der vierte aber sicherlich nur mit „Stöcken und Steinen". Der dritte Krieg kam zum Glück nie, oder vielmehr er kam anders und auch anderswo als erwartet, und so haben die hiesigen Atombunker nie ihren Soll erfüllen können. Auch nicht derjenige unter der hauptstädtischen Feuerwehrkaserne! Dieser wird heute zur Ausbildung angehender Feuerwehrleute benutzt. In völliger Dunkelheit und mit schwerem Atemschutzgerät müssen sie in den verwinkelten Räumen nach vermissten Personen suchen. Ferner ist der Bunker wegen seiner konstanten Raumtemperatur und wegen der Dunkelheit ein optimales Reifenlager:

... und bizarre Öffnungen in den Wänden. Der Bunker – ein festgefahrenes U-Boot?

Drinnen befinden sich sämtliche Ersatzreifen des Fuhrparks der Feuerwehr.

Tanklöschfahrzeuge und Rüstwagen der Feuerwehr haben komischerweise keine Ersatzreifen dabei. Das spart Platz und Gewicht. Ohnehin wäre bei einem Reifenschaden im Eildienst ein Ersatzreifen von geringem Nutzen. In dem Fall würde man ein zweites Fahrzeug nachschicken und den havarierten Wagen einfach auf der Strecke lassen. Ersatzreifen und Atombunker haben so gesehen etwas gemeinsam: Beide sind bei der Berufsfeuerwehr ganz einfach überflüssig!

Der Atombunker ist also nicht mehr als ein Placebo, ein unwirksames Scheinmedikament gegen eine Gefahr, von der man nicht genau weiß, ob es sie je gegeben hat. Denn hätte sich tatsächlich einmal ein Atompilz über Luxemburg ausgebreitet, dann hätte die Feuerwehr wohl eher bei der Not leidenden Bevölkerung sein müssen, als sich unter die Erde zu verkriechen und dort auf den langsam heranschleichenden Tod zu warten.

Die duschbrausenähnliche Rohrmündung ...

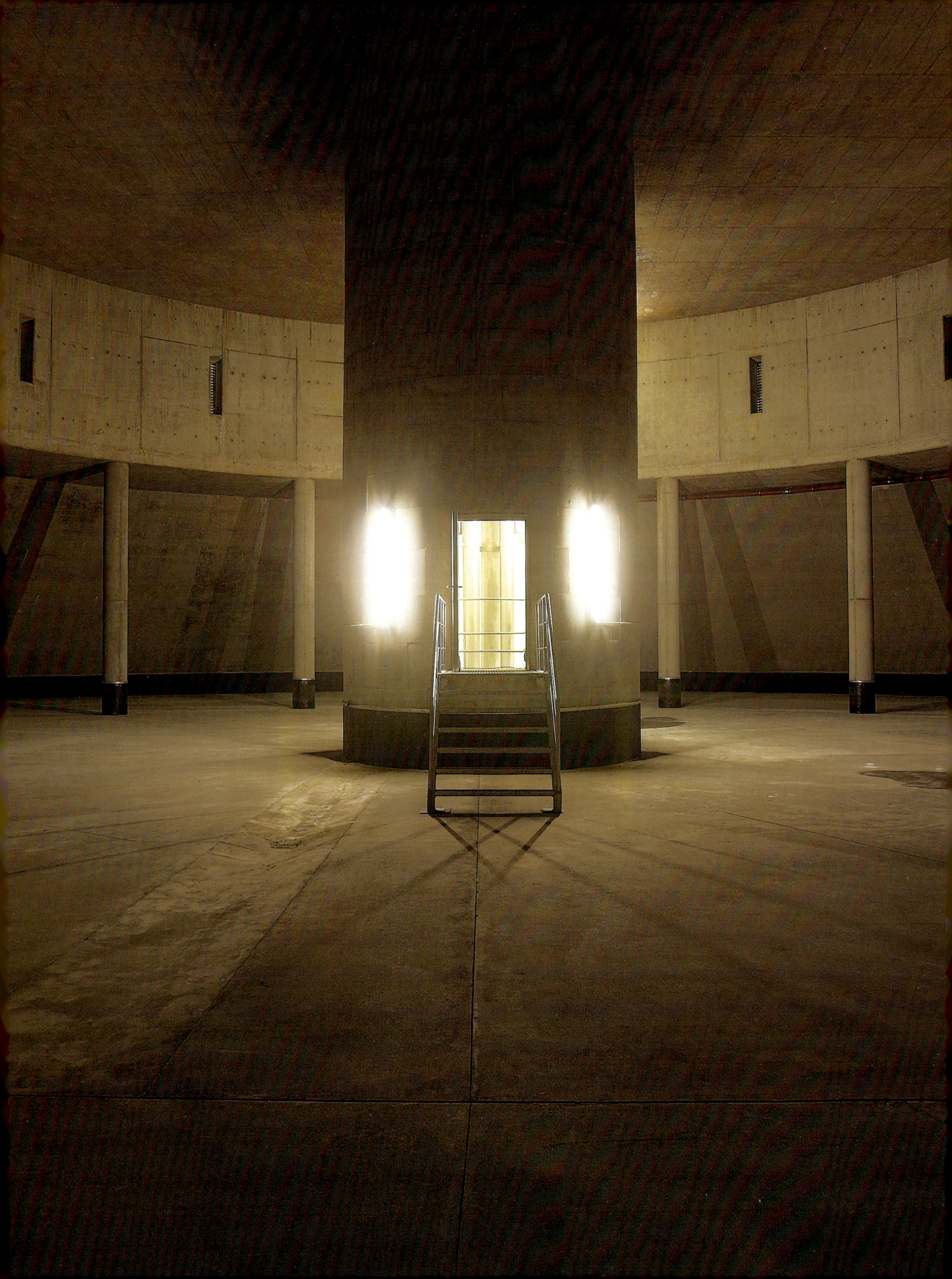

SES-RESERVOIR REBIERG

Der Wasserhahn des Südens

Ein Traktor pflügt unermüdlich die Erdscholle am Fuße des gut 30 Meter hohen Kegels, der am Ausgang der kleinen Ortschaft Hiwingen aus der ländlichen Idylle emporsteigt. Schon von Weitem sieht man den merkwürdigen Zuckerhut. Ein gestrandetes Ufo? Nein, dieser erste Verdacht ist gleich ein Schlag ins Wasser ... Der Kegel ist nicht mehr als die Dachkuppel eines ganz gewöhnlichen Wasserbehälters, wohl etwas ausgefallen, aber in der Landschaft keineswegs störend. Die eigenartige Kuppel aus Metall, die in der Sonne aufblitzt, integriert sich sogar erstaunlich harmonisch in die von Weiden und Feldern geprägte Umgebung.

Kein Ufo also, sondern der Wasserhahn des Südens! Unter der Kuppel schlummern mehr als 30 000 Kubikmeter Wasser, die sich Tag für Tag über 23 Gemeinden in den Kantonen Capellen und Esch/Alzette ergießen. Das ist eine Menge, und man kann durchaus behaupten, hier pulsiert das Leben! Wasser ist der Urquell allen Lebens, Wasser ist ein Geschenk des Himmels, Wasser hat aber auch seinen Preis. Wir vergessen dies allzu oft oder, schlimmer noch, ignorieren es.

Dass der Preis, den wir pro Kubikmeter Leitungswasser zahlen, oft unter dem eigentlichen Gestehungspreis liegt, stört uns in keiner Weise. Dafür greifen wir aber tief in die Tasche, wenn wir Mineralwasser in peppiger Aufmachung und unter den komischsten Bezeichnungen kaufen. Beim Getränkehändler zahlen wir dafür das Hundertfache, im Restaurant sogar tausendmal mehr. Dabei gibt es kaum einen Unterschied zwischen Wasser aus der Leitung und Wasser aus der Flasche.

Kühles Nass vom Rehberg

Das Wasserreservoir mit der Metallkuppel gehört dem „Syndicat des Eaux du Sud", kurz SES, aber nicht zu verwechseln mit dem Satellitenbetreiber aus Betzdorf! Hier, in Hiwingen, ist alles sehr bodenständig. Die zwei unterirdischen Wasserbecken können jeweils 15 000 Kubikmeter aufnehmen, als Extra-Bonbon gibt es noch ein Hochbecken für weitere 2 000 Kubikmeter Wasser, das sich direkt unter der Metallkuppel versteckt. Die Gesamtwasserreserve, die an diesem Ort gelagert werden kann, beträgt also 32 000 Kubikmeter kühles Nass. Damit lässt sich der Durst im gesamten Süden stillen.

Hiwingen ist ein wichtiger Punkt, an und für sich der bestmögliche Ort in diesem Landstrich, um ein Sammelbecken dieses Ausmaßes zu errichten. Denn hier in Hiwingen reckt sich ein Bergrücken in die Höhe, der Rehberg, auf Luxemburgisch Rebierg, zwar kein Matterhorn und auch keine Golan-Höhe, dafür aber einer der höchsten Punkte im Süden des Landes. Der Rehberg liegt 398 Meter über dem Meeresspiegel, eine Höhe, die man eher auf den Koppen des Öslings suchen würde als hier im abflachenden Land der roten Erde. Die Spitze des Kegels übersteigt das Ganze noch um Einiges. 429 Meter zeigt dort der Höhenmesser.

Der Blick vom Rehberg reicht weit in die Ferne. Bei gutem Wetter kann man östlich den Kirchberg und seine Skyline erkennen, südöstlich Düdelingen und die RTL-Fernsehantenne, weiter dahinter die Atomzentrale in Cattenom mit ihren vier dampfenden Kühltürmen und ganz zur Mitte die inzwischen längst keinen Ruß mehr speienden Schlote der beiden noch übrig gebliebenen Hochöfen von Esch-Belval.

Sie, die Hochöfen, standen an der Wiege des SES-Wassersyndikates, das 1908 ins Leben gerufen wurde. Mit dem Aufschwung der Eisenindustrie nahm nämlich die Bevölkerung in den südlichen Gemeinden zu, und die bestehenden Brunnen und Quellen waren schnell erschöpft. Den Baronen der Eisenindustrie war es aber wichtig, dass ihre Belegschaft gesund und frisch zur Arbeit käme. Ein harter Job wartete auf sie, sei es nun in den Minen, am Hochofen oder an

> *Die Metallkuppel lässt sich ausfahren, und man kann von hier aus einige Wasserbehälter der Südgemeinden erblicken.*

> *Der Wassertempel, eine feuchte Kathedrale, eine türkisfarbene Säulenbasilika ...*

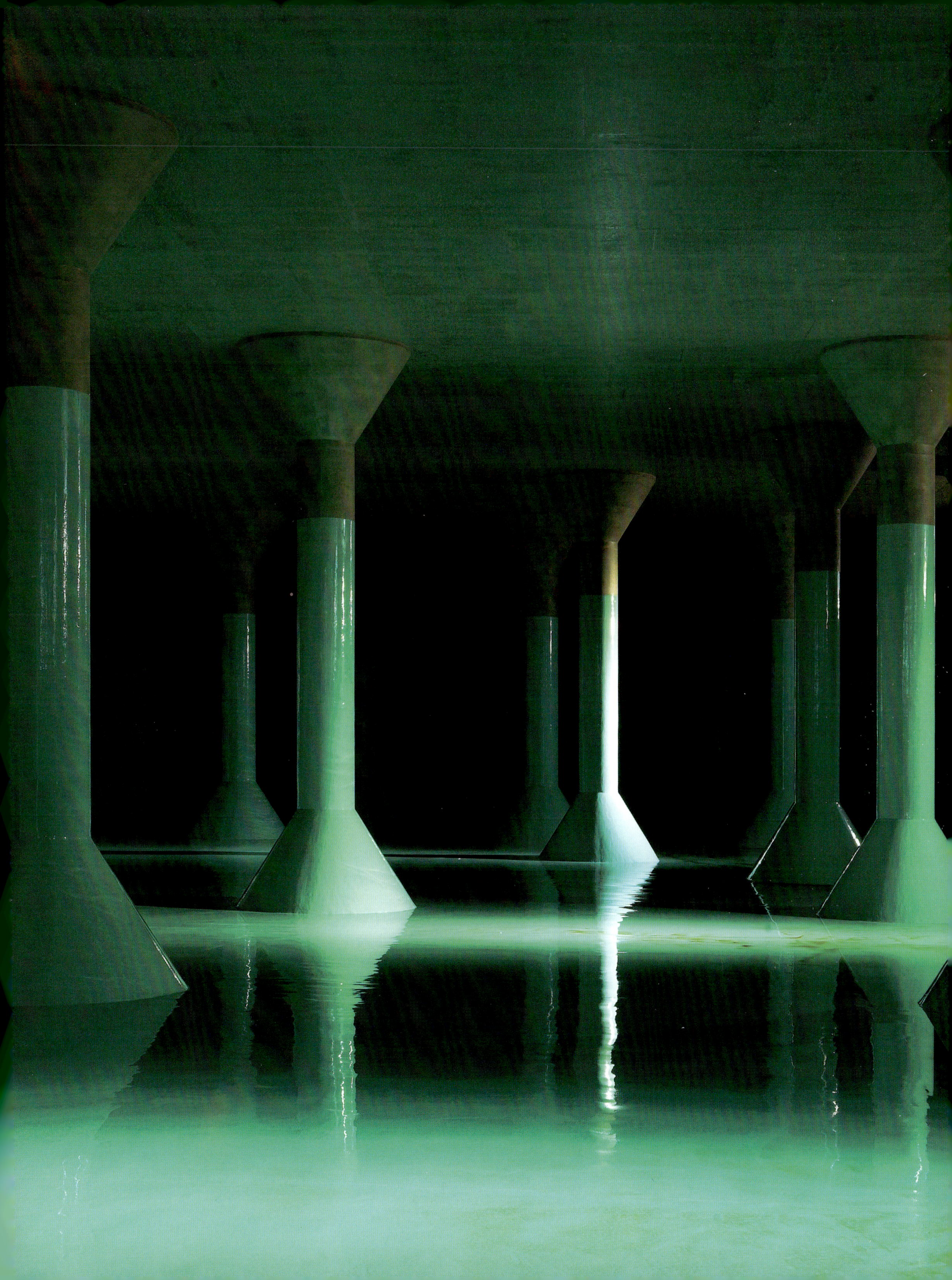

möglich. Die Gemeinden übernehmen dann das inzwischen auf 230 Kilometer angewachsene Leitungsnetz, das sich noch weiter von Haushalt zu Haushalt verästelt, ähnlich feiner Kapillargefäße im menschlichen Körper, bis das Wasser schließlich beim Verbraucher aus dem Wasserhahn strömt.

Ein feuchter Checkpoint Charlie

Betritt man die Anlage in Hiwingen, beeindrucken einen vor allem zwei Dinge: Kühl ist es hier und zugleich klinisch sauber. Die Wassertemperatur liegt bei neun Grad Celsius und die 32 000 Kubik-

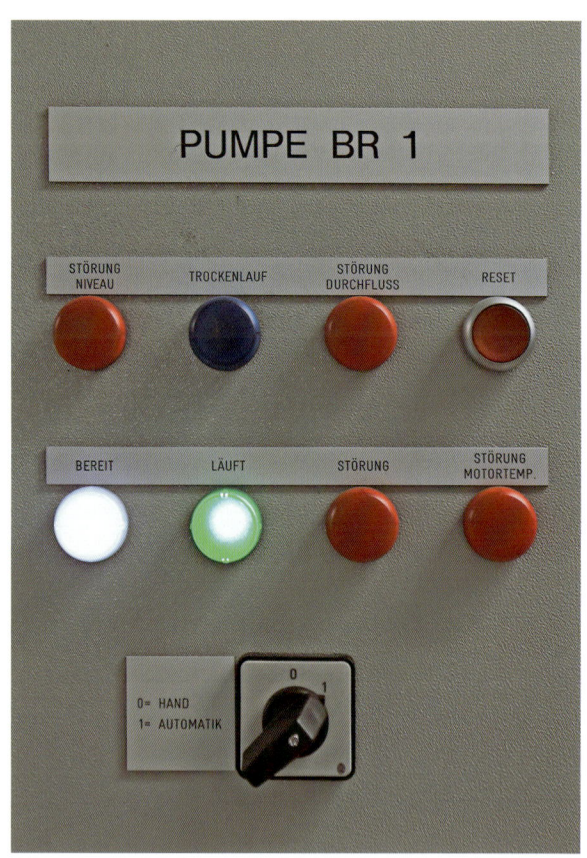

Einmal im Jahr wird das Becken geleert und man kann das Heiligtum betreten.

den Walzstraßen. Nur sauberes Wasser konnte die Menschen gesund und munter halten.

Seit 1908 speisen Quellen aus dem Einzugsgebiet der Eisch das Wassersyndikat. Dabei wird der Rohstoff zunächst in zwei Pumpwerken in Dondelingen und Koerich gesammelt und von dort weiter nach Hiwingen in das unterirdische Sammelbecken, also ins Herzstück des SES-Syndikates, gepumpt. Von Hiwingen aus strömt das Wasser dann wieder den Berg hinunter zu den kommunalen Hochbecken – Newton sei Dank! Allein physikalische Kräfte machen diese Reise

Lichter blinken, die Pumpen dröhnen, das Wasser strömt.

meter Wasser unter der Metallkuppel, die diese Kälte speichern, wirken fast wie eine riesige Kühltasche. Das zweite Merkmal des Wasserbeckens, die Sauberkeit, ist das A und O eines jeden Wasserwerkes. Schnell kann das kühle Nass zu einem unheimlichen Vektor für Krankheiten werden, dann nämlich, wenn Bakterien das Wasser verunreinigen. Die kleinen Untiere haben unglaubliche Kräfte und können im Nu beim Menschen eine Revolution in Magen und Darm hervorrufen. Kolibakterien, pfui! Übrigens wird in Hiwingen das Wasser mit einer Chlordioxidanlage geschmacksneutral desinfiziert. „Einimpfen" nennt man das hier.

Das SES bezieht sein Wasser zur Hälfte aus eigenen Quellen, aus denen pro Tag zwischen 25 000 und 30 000 Kubikmeter Wasser sprudeln. Den Rest liefert das Stauseebecken des „Syndicat des Eaux du Barrage d'Esch-sur-Sûre" in Esch/Sauer,

Ein hochmodernes Aquädukt, Rohre aus Inox und ab und zu auch noch handwerkliche Arbeit.

Einsamer Flur:
klinisch sauber und seelenlos.

von wo bis zu 32 000 Kubikmeter am Tag über das Sammelbecken in Eschdorf nach Hiwingen gelangen. Insgesamt kann das SES also dank Sebes-Unterstützung täglich rund 60 000 Kubikmeter Wasser über den Süden des Landes verteilen.

Das Wasser, das sich vorübergehend im Sammelbecken in Hiwingen aufhält, hat also je nach Herkunft schon eine weite Anreise hinter sich. Wassermoleküle besitzen allerdings keine Ausweispapiere, und so bleibt die genaue Provenienz leider unbekannt. Die Reise führte jedenfalls von der Quelle über die Pumpen und Pumpwerke ins Reservoir nach Hiwingen, das wie ein Checkpoint Charlie jedes winzige Wassermolekül aufnimmt und weiterleitet. Hiwingen ist also wie ein Nadelöhr, das jedes Tröpfchen passieren muss: Durch ein Rohr strömt das Wasser vom Pumpwerk aus Dondelingen, durch ein weiteres gleich daneben das aus Koerich und durch das ganz dicke rauscht die Sebes-Zufuhr.

Die Kuppel – das Sahnehäubchen

Erst 2007 kam das zweite Becken nach Hiwingen, wodurch sich die Aufnahmekapazität verdoppelte. Einmal im Jahr wird dieses Becken zur Reinigung geleert und man kann die riesige Wassertränke betreten. Ein schummeriges Grün bedeckt Böden und Mauern, und die dicken Pfeiler zur Mitte erinnern an eine feuchte Kathedrale. Einziges Heiligtum in dieser grünen Säulenbasi-

Still ruht der See: 32 000 Kubikmeter Wasser für den gesamten Süden des Landes.

lika ist das Wasser, das Geschenk des Himmels, Urquell allen Lebens!

Und die Kuppel? Ach ja, die Kuppel! Sie ist ganz klar das Sahnehäubchen auf dem Wassertempel, vielleicht ein „Spleen" des Architekten Georges Reuter. Von außen betrachtet ist die Kuppel ein blitzendes Edelstück (bling-bling), von innen aber ein Monstrum aus Beton. Man steigt eine schier endlose Wendeltreppe hoch, die mitten durch einen Hohlraum zwischen dem unterirdischen und dem höher gelegenen Becken führt. Oben angelangt, kann man die Kuppel wie bei einem militärischen Spähposten noch um einen Meter ausfahren und schließlich eine Kanzel mit Weitsicht betreten. Der ganze Süden liegt einem förmlich zu Füßen.

Der Wasserturm der Gemeinde Küntzig befindet sich in greifbarer Nähe, bis dorthin sind es nur 3,1 Kilometer Luftlinie. Küntzig, aber auch Bartringen und Dippach bekommen ihr Wasser aus dem Hochbecken unter der Kanzel, denn ohne das 20 Meter höher liegende Hochbecken wäre das Gefälle zu gering, um das Wasser nur mit der Schwerkraft dorthin fließen zu lassen. Noch andere Wasserreservoirs, die von hier beliefert werden, sind zu erkennen: Capellen, Goeblingen, Steinfort. Weitere kann man lediglich erahnen, etwa das von Frisingen. Zu ihm sind es 22 Kilometer Luftlinie. Doch auch dieser Turm wird mit frischem Wasser aus Hiwingen gespeist. Noch Durst?

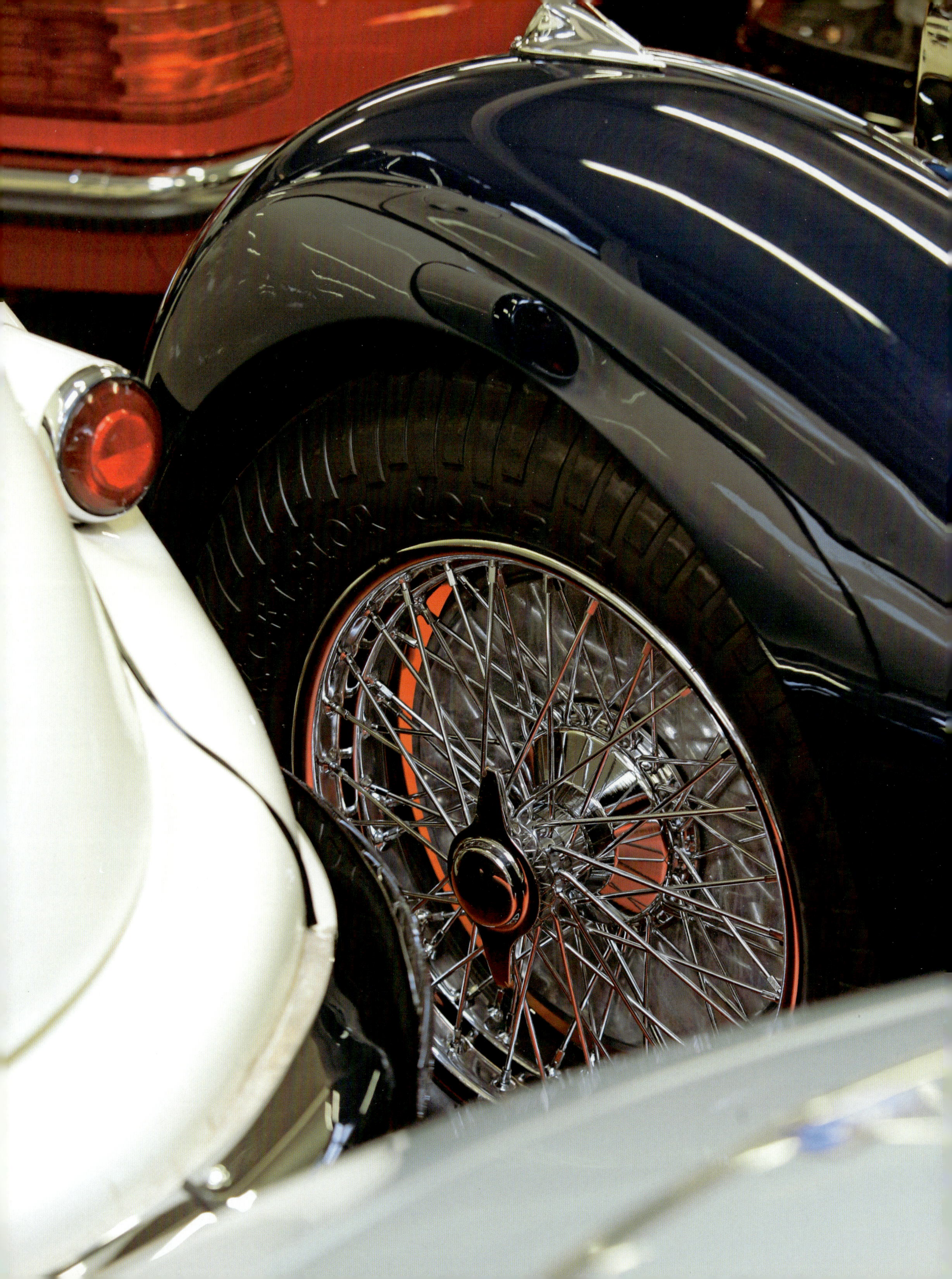

DIE ALTEN WAGEN EINES BESESSENEN AUTOMECHANIKERS
Gesammelte Werke mit vier Rädern

Eine simple Lagerhalle in der südlichen Hälfte des Landes. Prunk und Luxus sucht man an und in dem Bauwerk aus Stahl, Beton, Ziegelblöcken und Glas vergeblich, der einzige Luxus sind die Neon-Beleuchtung und das elektrisch betätigte Rolltor. Die von außen hinter dem Milchglas zu sehenden armdicken Gitterstäbe lassen erahnen, dass die einfache, weiß getünchte Halle ein ganz besonderes, gar besonders wertvolles Geheimnis birgt ...

Sie bietet einer stattlichen, über Jahrzehnte vom Eigentümer (der aus verständlichen Gründen unerkannt bleiben will) zusammengetragenen Sammlung klassischer Automobile Schutz vor Wind und Wetter. Das Spektrum der größtenteils mit geradezu akribischer Sorgfalt restaurierten Automobile – der Sammler, Besitzer und Oldtimer-Fachmann spricht von klassischen Automobilen als Kulturgut – reicht von Fahrzeugen aus der automobilen Gründerzeit bis zu den Flaggschiffen namhafter Marken aus Europa und Übersee der 1960er- und 1970er-Jahre. Dazwischen finden sich auch einzelne Supersportwagen der Neuzeit, allesamt angehende Klassiker ...

Obwohl durchaus üppig bemessen, herrschen in der Halle doch beengte Verhältnisse. Sie ist schlicht und einfach vollgestellt mit Autos.

Die Fahrzeuge stehen dicht gedrängt, Stoßstange an Stoßstange, Kotflügel an Kotflügel, Tür an Tür ... Um die automobilen Zeitzeugen längst vergangener Zeiten aus allen Blickwinkeln zu betrachten, wollen erst einmal ein paar andere Wagen bewegt werden, um genau soviel Platz zu schaffen, dass man um die Klassiker herumgehen kann.

Das Bewegen der automobilen Schätze an sich ist kein Problem, der Großteil ist startbereit und springt auf Anhieb an. So auch das Prunkstück der Sammlung, ein Bugatti 57 Galibier „sans montants" (ohne B-Säulen, im heutigen Auto-Fachjargon) von 1937. Der Reihen-Achtzylindermotor (!) mit zwei obenliegenden Nockenwellen holt aus 3 259 Kubikzentimeter Hubraum 99 kW (135 PS), genug für eine Höchstgeschwindigkeit von 150 km/h. Dank des Getriebes mit Overdrive kann die Drehzahl auch bei langer Autobahnfahrt recht niedrig gehalten werden.

Eine schlafende Schönheit ist der Bugatti 57 Galibier, eines der Meisterwerke von Ettore Bugatti, wahrlich nicht. Das große Coupé mit den gegenläufig öffnenden Türen, die den Blick auf einen prachtvollen Innenraum freigeben, wird regelmäßig bewegt. Sogar vor großen Touren mit dem edlen Wagen schreckt der Besitzer nicht zurück: Weil sich der Bugatti

Der Bugatti 57 Galibier schreckt auch vor längeren Strecken nicht zurück.

57 Galibier kürzlich für eine Beförderung auf dem Anhänger als zu schwer erwies, entschied er kurzerhand, auf eigener Achse zu einem Bugatti-Treffen nach St.-Moritz in die Schweiz zu fahren. Nach sechs Stunden Fahrt war die gut 600 Kilometer lange Reise erledigt ...

Während die Marke Bugatti selbst bekennenden Auto-Muffeln ein Begriff sein dürfte, wissen nur mehr eingeschworene Oldtimer-Fans etwas mit dem wohlklingenden Namen Delage anzufangen. Der französische Hersteller hatte sich mit leistungsstarken Sechs- und Achtzylinder-Sport- und -Reisewagen einen Namen gemacht, ging aber 1935 (leider) bankrott.

Entsprechend der Philosophie des Sammlers, möglichst seltene und zugleich erlesene Fahrzeuge zu besitzen und originalgetreu zu restaurieren, ist es nicht verwunderlich, dass der Name Delage auch in der simplistischen, aber diebstahlsicheren Lagerhalle zu finden ist. Gleich mehrere Delage sind dort untergestellt, darunter ein „Open Tourer" genannter offener Wagen mit Platz für vier bis fünf Personen aus dem Jahre 1928, angetrieben von einem Sechszylinder-Reihenmotor mit zwei Vergasern.

Eine gewisse Vorliebe gilt offensichtlich auch handverlesenen Fabrikaten italienischer Provenienz, allen voran Fahrzeugen der Marke Lancia, vorrangig aus den 1960er-Jahren stammend, also aus jener Zeit, in welcher der italienische Hersteller – den man entsprechend dem heutigen Sprachgebrauch damals wohl als „Premium-Hersteller" bezeichnet hätte – noch nicht dem Fiat-Konzern einverleibt worden war. Zum aktuellen Bestand gehören ein unrestauriertes, von Palermo nach Luxemburg importiertes, 2+2-sitziges Flavia Coupé (Pininfarina) von 1963 mit 1,8-Liter-Boxer-

Der Delage Open Tourer von 1928 hat diverse Rallye-Einsätze hinter sich.

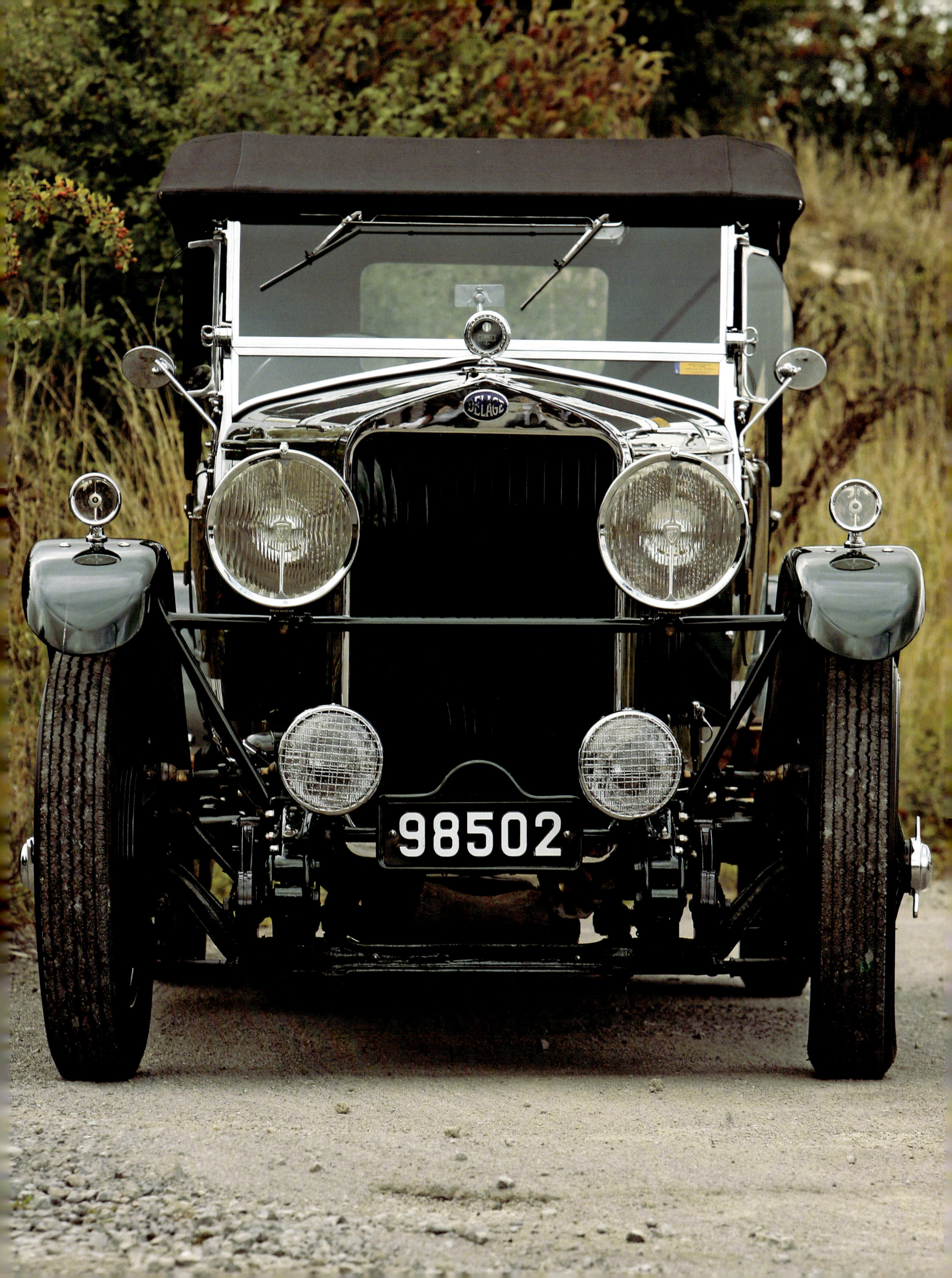
DELAGE
98502

motor und Frontantrieb sowie ein Flaminia Coupé mit einer Alu-Karosserie (Superleggera) aus dem Hause „Touring". Angetrieben wird dieser große GT von einem 2,8-Liter-Lancia-V6-Motor mit drei Weber-Doppelvergasern.

Zwei Auto-Juwelen aus der Hoch-Zeit von Lancia: ein Flavia (l.) und ein Flaminia Coupé.

Befragt nach seinen automobilen Juwelen deutscher Herkunft, verweist der unermüdliche Sammler unter anderem auf einen Mercedes-Benz 300b von 1953 – jenen ausladenden, staatstragenden Wagen, der heute unter der Zusatzbezeichnung Adenauer-Mercedes bekannt ist, weil Bundeskanzler Konrad Adenauer dereinst einen solchen fuhr.

Staatstragend: der Mercedes-Benz 300b von 1953, auch Adenauer-Mercedes genannt.

Die Staatskarosse war beim Ankauf durch den Luxemburger Sammler ein Wrack und sollte anfänglich einem weiteren 300er-Mercedes als Ersatzteilspender zur Wiederauferstehung verhelfen. Und da unverhofft bekanntlich oft kommt, wurde schließlich auch dem alten Wrack zu neuem Glanz verholfen. Sein 3,0-Liter-Reihensechszylinder mit zwei Vergasern leistet 80 kW (110 PS). Zur Sammlung gehören noch diverse weitere Mercedes-Fahrzeuge aus nahezu allen Jahrzehnten, allesamt Topmodelle ihrer jeweiligen Zeit.

Gemäß der Idee, der Nachwelt das jeweils Beste eines Herstellers oder eines bestimmten Modells

Volle Halle: Die Sammlung umfasst vorrangig die Top-Versionen der jeweiligen Modelle.

Das Originalkennzeichen eines Studebaker Champion von 1950 – mit 4 000 Kilometern Laufleistung.

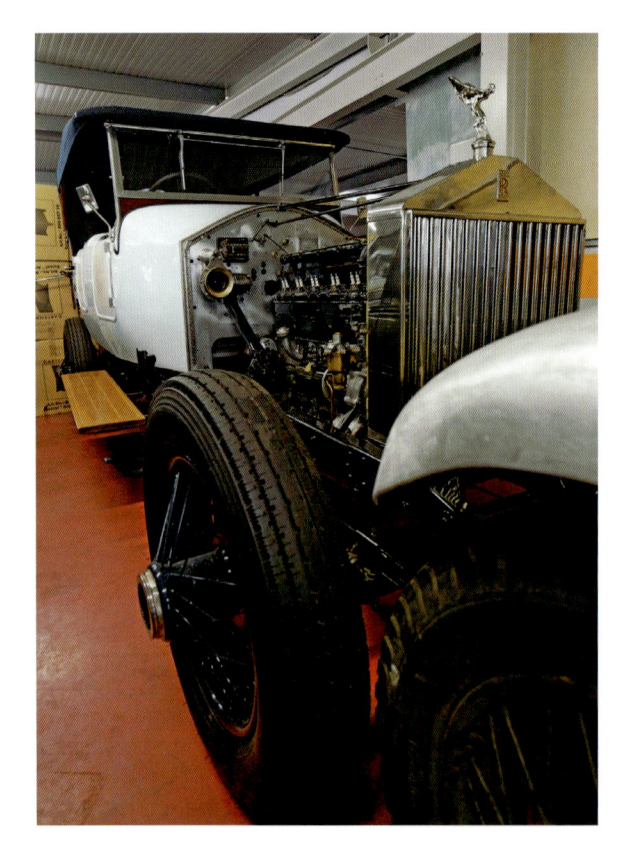

Stoßstange an Stoßstange, Kotflügel an Kotflügel: automobile Sammelleidenschaft sichtbar gemacht ...

zu erhalten, wurde die Sammlung kürzlich um einen BMW 3200 CS erweitert. Das Oberklasse-Coupé wurde 1961 auf der IAA vorgestellt und von Februar 1962 bis September 1965 bei BMW in München in Zusammenarbeit mit Bertone gebaut. Es verließen nur rund 600 Exemplare des V8-Coupés die Produktionshallen.

Als wahrhaftiges Unikat darf ein Studebaker Champion von 1950 gelten. Der Wagen wurde einst in Luxemburg neu zugelassen und hat bis heute lediglich 4 000 Kilometer zurückgelegt. Da

Warten auf die zweite Jugend: Zwei Vorkriegs-Rolls-Royce befinden sich in der Restaurierungsphase.

Neuzugang aus Melbourne: der US-amerikanische Ford Galaxie von 1959.

es sich um die Basisausführung handelt, sorgt ein 2,7-Liter-Reihensechszylinder für Vortrieb, der seine Kraft via ein manuelles Drei-Gang-Getriebe mit Freilauf (!) an die Hinterachse weiterleitet.

Der US-amerikanische Teil der Sammlung wurde kürzlich um einen Ford Galaxie mit „Continental Kit" (Reserverad mit Abdeckung auf der hinteren Stoßstange) von 1959 erweitert. Der Sammler hatte den zwei Tonnen schweren Wagen mit lediglich 60 000 Meilen auf dem Tacho bei einer Oldtimer-Rallye im australischen Melbourne gesehen, dem Eigentümer ein Angebot unterbreitet und das V8-Relikt aus den „Golden Fifties" kurzerhand gekauft und nach Luxemburg verschifft.

Ein Ende der beachtlichen und in Luxemburg sicherlich einzigartigen Sammlung ist nicht in Sicht. Sie wächst weiter, die Erweiterung findet jedoch nicht nach Kriterien wie Marke, Modell oder Baujahr statt, sondern gemäß der Exklusivität des jeweiligen, in Frage kommenden Fahrzeugs. Das Besondere, Einzigartige, Unnachahmliche steht im Mittelpunkt der heiligen Halle(n) des Sammlers. Der Zustand des Wunschobjekts spielt beim Kauf stets eine untergeordnete Rolle.

Ein erbärmlicher Zustand ist kein Argument, das den technisch versierten Mann vom Kauf abhalten kann. Manchmal bewirkt er sogar das Gegenteil. Es ist der Reiz, einem maroden Haufen Schrott, zu dem manch stolzes Fahrzeug im Lauf von Jahrzehnten mangels Pflege und Wartung geworden ist, zu neuem (altem) Glanz zu verhelfen …

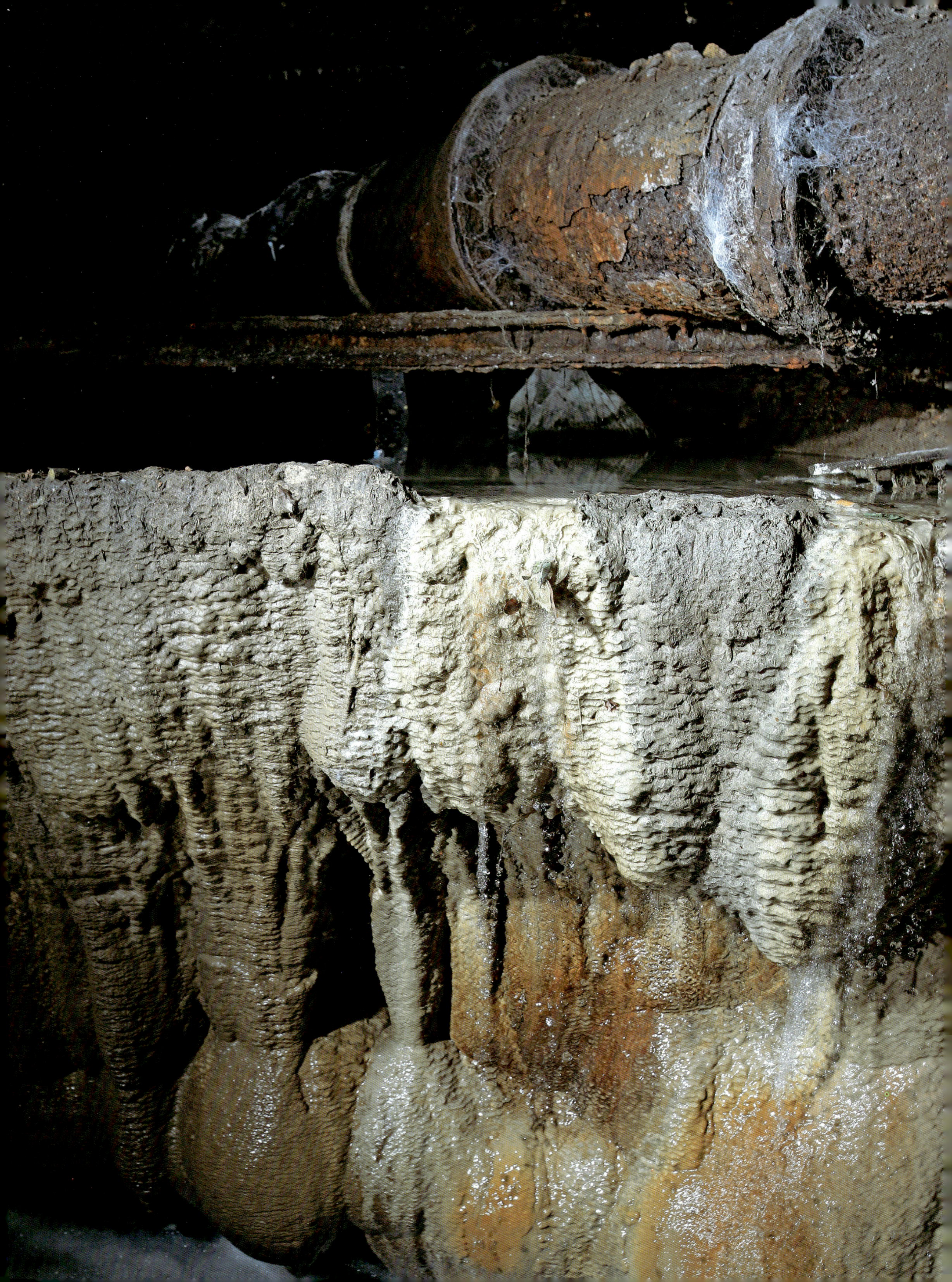

UELZECHTKANAL ESCH/ALZETTE
Wenn Lentz das wüsste!

„Ah, dofir sténkt dat hei esou!" Die Frau älteren Semesters rümpft empfindlich die Nase, als sie bemerkt, dass nur wenige Schritte von ihr entfernt jemand im wahrsten Sinne des Wortes der Unterwelt entsteigt. Ein Mann klettert aus der Fußgängerzone. Nicht irgendeiner Fußgängerzone, sondern der der Minettemetropole Esch/Alzette, die bekanntlich die längste (und schönste?) des Landes ist. Und nicht irgendwer taucht da auf, sondern Marc Wilwert, seines Zeichens Fotograf der Top-Secret-Trilogie. In einer grünen Fischerhose mit Stiefel dran lugt er – etwas erstaunt und leicht geblendet – aus der ungewohnten Öffnung inmitten der Rue de l'Alzette hervor.

Es stimmt also doch: Die Alzette-Straße trägt ihren Namen zu Recht, fließt unter ihr doch – in völliger Abgeschiedenheit und ungeachtet der Shopping-Aktivitäten über ihr – die Alzette. Nicht irgendein unbedeutendes, deutungsloses Bächlein, sondern Luxemburgs Nationalfluss! Was aber nicht stimmt, dass er stinken würde. Da muss die Dame mit ihrem feinen Riechkolben einen anderen Duft aufgegriffen haben. Mag sein, dass es im Bett der Alzette etwas muffig riecht, stinken tut es darin aber nicht. Da ist sich der Autor ganz sicher, hat er's doch mit der eigenen Nase überprüft.

Stadt, Land, Fluss

Wie aber kommt es, dass ein Fotograf am helllichten Tag dem Uelzechtkanal entsteigt – und das mitten in Esch? Die Antwort liegt auf der Hand: Weil er an anderer Stelle in den Kanal hinabgestiegen ist. Das war in diesem Fall die Ecke, an der die Rue de l'Alzette in den Boulevard Prince Henri mündet. Wo über einem Züge zirkulieren, neben einem Autos ambulieren, fließt unter einem der Fluss. Drei schwere Eisenplatten geben schließlich den Blick auf die Alzette frei.

Luxemburgs so schön von Michel Lentz in seiner oder vielmehr unserer „Heemecht" besungener Nationalfluss tut hier alles, außer durch Wiesen

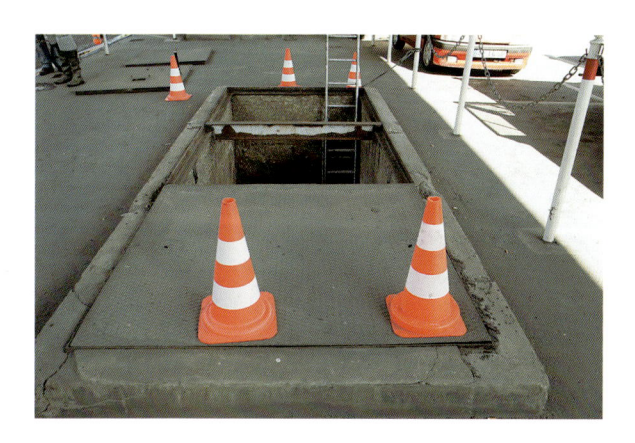

Dunkle Gestalten: Fast schon unheimlich, wie sie durch die pechschwarze Alzette waten …

ziehen. Hier quält er sich durch die Escher Unterwelt, ein Reich der ewigen Nacht. Einziger Lichtblick: Ein Orkus, wie befürchtet, ist die Alzette mitnichten, auch wenn ihre Qualität beim Grenzübertritt zu wünschen übrig lässt. Trotzdem: Geht man so mit einem Nationalheiligtum um? Keine Frage: In Esch waren Ikonoklasten am Werk!

Die Alzette entspringt bekanntlich in Frankreich, entsteht aber eigentlich erst durch den Zusammenfluss zweier kleiner „ruisseaux". Jahrelang waren sich die Lokalchronisten darüber uneins, mittlerweile gilt es aber als Gemeinplatz, dass der eine Zufluss seinen Ursprung bei Audun-le-Tiche (Moselle) hat, der andere, mit dem nicht gerade schmeichelhaften Namen „Vacherie", bei Thil (Meurthe-et-Moselle). Auf die Vereinigung bei Russange – ab da trägt das Rinnsal offiziell den Namen Alzette – folgt die Reinigung in der Kläranlage von Audun. Danach nimmt der Wasserlauf Kurs aufs Großherzogtum. In freudiger Erwartung, von einem kleinen unbedeutenden französischen Bächlein zum Luxemburger Nationalfluss zu mutieren, schlängelt er sich parallel zur Rue d'Audun bis nach Esch durch.

Vom Erdboden verschluckt

Doch was tun die Luxemburger? Stolz schmücken sie den Stern des Südens, die zweitgrößte Stadt des Landes, mit dem Beinamen „an der Alzette" und dann machen sie ebendiese unsichtbar, indem sie sie gerade einmal 700 Meter hinter der Grenze in einen unterirdischen Kanal zwängen. Von der Rue d'Audun biegt die Alzette ab und verschwindet dann (südwestlich vom Kreisverkehr „Um Däich") unter dem Gewerbegebiet „Terres Rouges". Von dort unterquert sie den Boulevard Prince Henri und die Rue de l'Alzette in Richtung Schlossgarten.

Auf einer Länge von rund 1 700 Metern ist die Alzette in Esch von der Bildfläche verschwunden. Anfang des 20. Jahrhunderts wurde im boomenden Land der Roten Erde Bauland gebraucht, da verfrachtete man zwischen 1915 und 1917 die Alzette einfach unter die Erde. Wer also heute in der Escher Alzette-Straße vergeblich nach ihrer Namensgeberin sucht, dem sei versichert, sie ist da und fließt ohne Aufhebens unter seinen Füßen. Wenn Michel Lentz das 1859, als er „Ons Heemecht" dichtete, geahnt hätte! Vielleicht wäre dann ein ganz anderer Wasserlauf besungen worden. Etwa die Eisch oder die Mamer oder die Korn. Oder gar die Schlammbaach, die sich bei Mertert in die Syr wirft. Es wird Spekulation bleiben – und was Lentz nicht weiß, macht Lentz nicht heiß …

Ein Abstieg ins Alzette-Bett ist übrigens nur in Trockenperioden ratsam, also wenn es vorher nicht geregnet hat und kein Hochwasser droht,

Eleganter Spitzhut: In einem dreieckigen Kanal erreicht die Alzette die Escher Innenstadt.

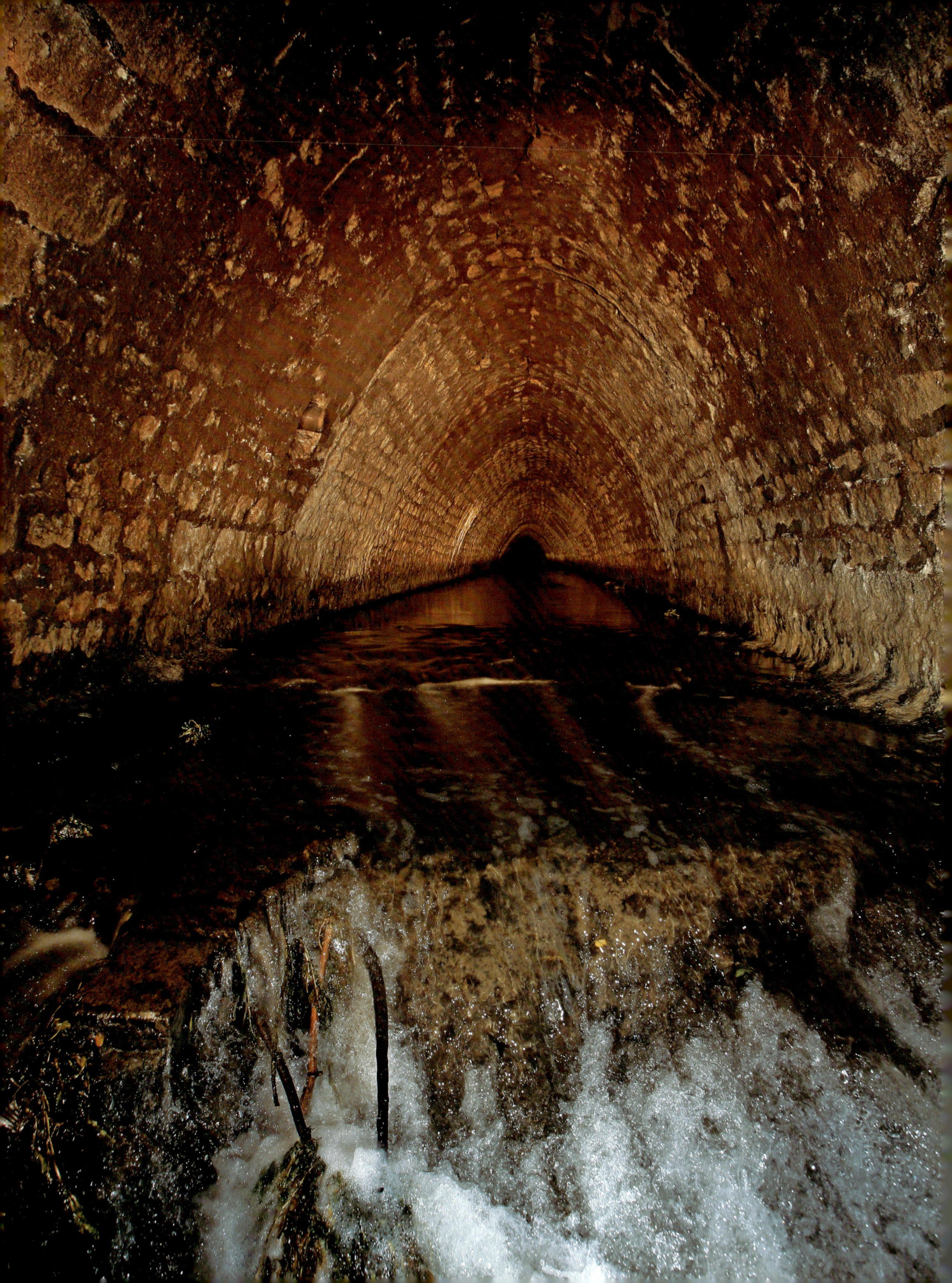

Stromschnelle vor Scheidewand: Auf Höhe des Boulevard Prince Henri teilt sich der Fluss.

sonst könnten einem die Fluten den rutschigen Boden unter den Füßen wegreißen. Am Parkplatz unter den Gleisen hat der Fluss schon einen längeren unterirdischen Parcours hinter sich. In einem spitz nach oben zulaufenden gemauerten Kanal kommt er hier vom Terres-Rouges-Gelände angerauscht. Hinter einer kleinen Kanalschnelle wird er noch um die Zutaten des Beler-Bachs bereichert, dann geht es Richtung Innenstadt – in zwei getrennten Kanälen rinnt die Alzette in Normalzeiten nicht einmal kniehoch dahin. Esch ist also doppelt untertunnelt. Dadurch ließ sich die Operation Kanalbau zum einen leichter verwirklichen, zum anderen erleichtert es den Unterhalt. Mit Schiebern lassen sich die Kanalseiten schließen, sodass im Trocknen darin gearbeitet werden kann, ohne dass ein größerer Rückstau entsteht. Der freie Kanal nimmt dann einfach die doppelte Wassermenge auf.

(K)ein Kind von Traurigkeit

Natürlich führt die Alzette auch Unrat mit sich. Blätter, Steine, hie und da eine Plastikflasche sowie Fetzen von Klopapier. Ansonsten macht sie aber einen überraschend sauberen Eindruck – allerdings auch einen leblosen. Außer Myriaden kleiner Fliegen, die sich im Lichtkegel der Taschenlampen sammeln, gedeiht in diesem Teil der Escher Unterwelt reichlich wenig. Mit Ausnahme vielleicht einiger Kalkablagerungen an der Decke, die ihre zarten Fühler nach unten ausstrecken, sowie einiger Stalaktiten aus Baumwurzeln und Dreck, die sich an Abflussschächten bilden und schon fast bis ins Wasser reichen, wächst kaum etwas in dieser trostlosen Gegend. Genährt wird der Fluss in Esch vor allem durch Oberflächenwasser, das Schmutzwasser wird durch ein gesondertes Rohr gleich unter dem Kanalbett geleitet.

Auf Höhe der Kreuzung der Rue de l'Alzette mit der Rue de la Libération (!) verlassen die Autoren nach einer rund 520 Meter langen Expedition

*Szenen aus der Escher Unterwelt:
ein praktischer Schieber, ein gemauerter Seitenkanal,
kleine Kalkabsonderungen an der Decke sowie
eine Stalaktite aus Dreck und Wurzeln,
die wie eine Kanal-Hämorride wirkt.*

den Uelzechtkanal – mitsamt den Kumpeln vom Escher „Service Canalisation", denn ohne sie hätten sich die Journalisten dann doch nicht ins Escher Reich des Hades vorgewagt. Groß war denn auch die Freude, endlich wieder Himmel über den Köpfen zu haben. Und das in der so prächtigen Umgebung der Escher Fußgängerzone und mit der so liebenswürdigen Begrüßung durch die ältere Dame, die weder Zinken noch Zunge im Zaun zu halten vermochte …

Die Alzette muss dagegen noch etwas länger ohne Tageslicht auskommen. Erst beim „Technoport Schlassgoart" taucht sie wieder auf. Nach etwa 73 Kilometern mündet sie dann – als stolzer Nationalfluss, der unter anderem die Hauptstadt durchquert und sich dort die Petruss einverleibt hat – bei Ettelbrück in die Sauer. Ob ihr das wohl sauer aufstößt?

> *Der Nationalfluss im Reich des Hades:*
> *Nur selten erhält der Uelzechtkanal Besuch.*
> *Und wenn, dann vom „Service Canalisation"*
> *der Stadt Esch oder eben vom Top-Secret-Team,*
> *das ihn sogleich ins rechte Licht zu rücken versucht …*

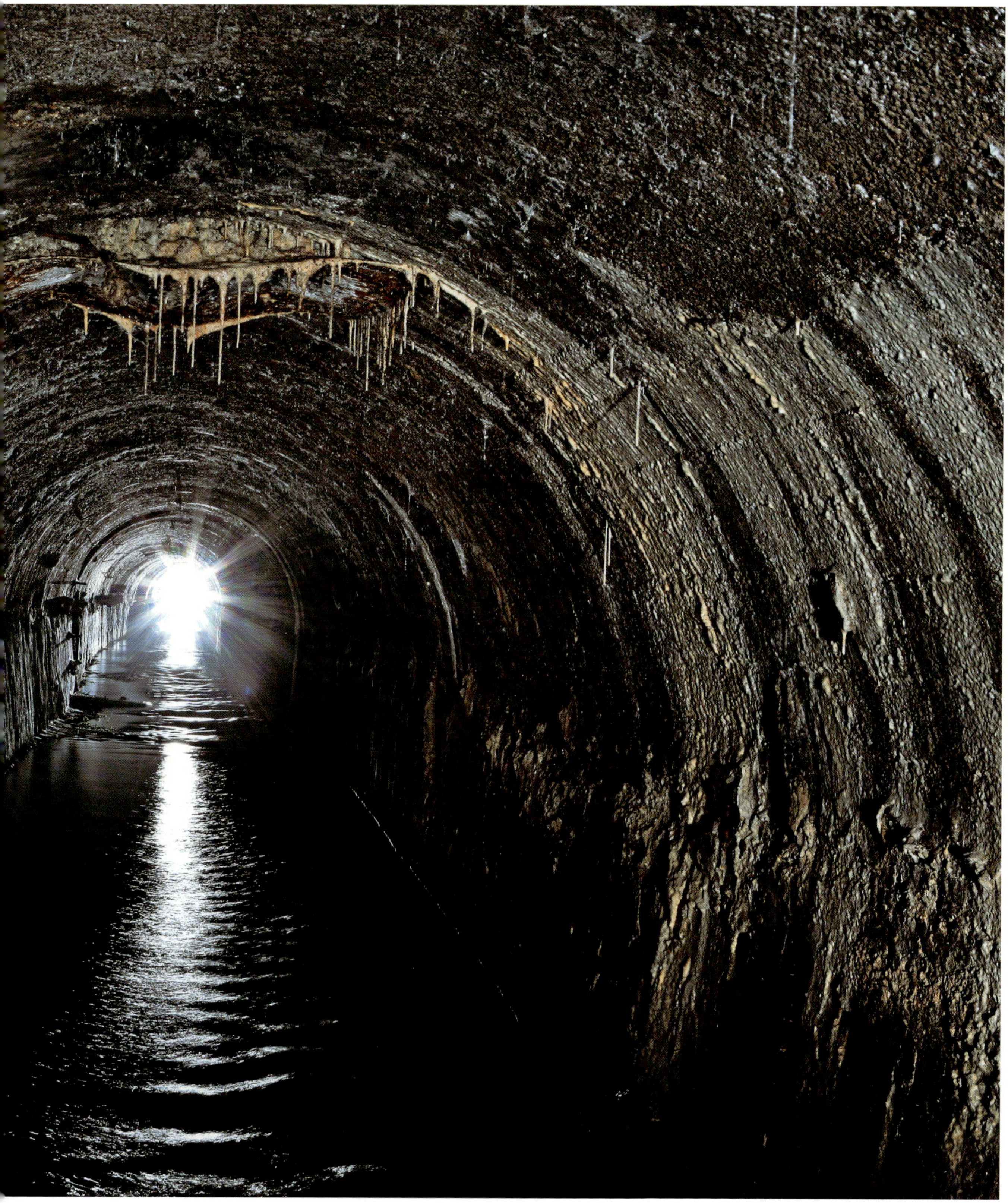

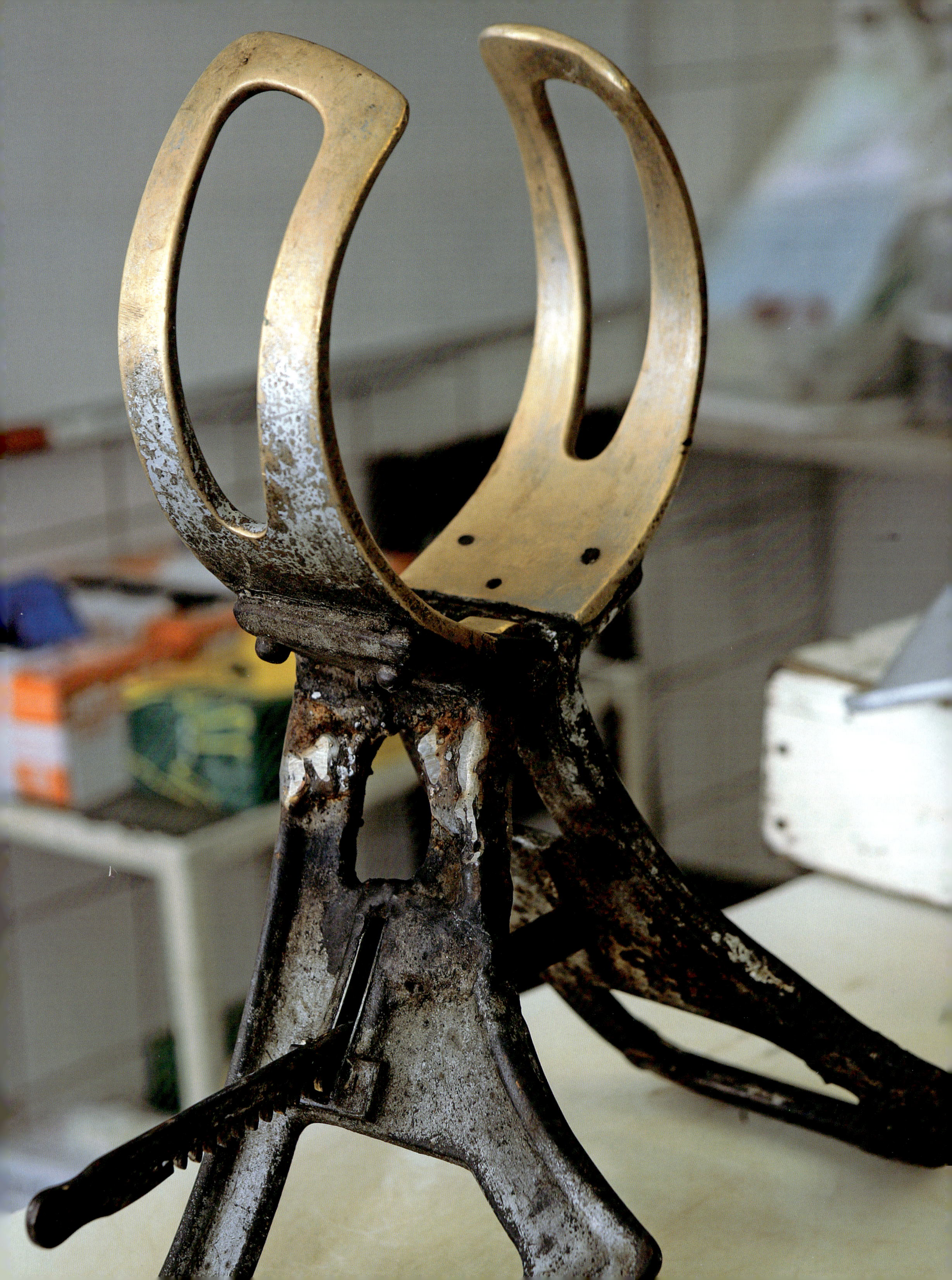

SEZIERSAAL IM STAATSLABORATORIUM
Die Anatomie des Dr. Tulp

Kopfhöhle, Brusthöhle, Bauchhöhle – Gerichtsmediziner sind Höhlenforscher. Zunächst besichtigen sie die Leiche von außen, und erst danach öffnen sie die drei menschlichen Körperhöhlen – Kopfhöhle, Brusthöhle, Bauchhöhle – und suchen nach der exakten Todesursache. In Luxemburg geschieht dies im Seziersaal des Staatslaboratoriums in der Rue du Laboratoire auf dem Verlorenkost.

Dort steht gleich neben dem ehemaligen Gendarmeriegebäude ein altehrwürdiges Haus, das zu Beginn des vorigen Jahrhunderts gebaut wurde und dem man schon von Weitem ansieht, dass es aus allen Nähten platzt. Über die Jahre wurde es mit etlichen Anbauten bestückt, auch mit zweistöckigen Containern, eindeutiges Symptom dafür, dass es hier akute Platznot gibt. Dafür steht nun auch ein Umzug in ein neues staatliches Laboratorium ins Haus. Die Höhlenforscher werden anderswo hinziehen, nach Düdelingen, wo in den kommenden Jahren ein neues Gebäude für die Laboranten gebaut wird. Die Pläne liegen vor, und der erste Spatenstich in das Erdreich ist bereits im Frühling 2008 erfolgt.

Der erste Skalpellstich in die Haut eines Toten ist nach Angaben von Pathologen und Rechtsmedizinern immer ein besonderer. Dabei schlüpfen die Frauen und Männer im weißen Kittel gewissermaßen in die Haut des Dr. Nicolaes Tulp, der bereits im 17. Jahrhundert die Anatomie des menschlichen Körpers erforscht hat. Der niederländische Maler Rembrandt hat ihn in Öl verewigt: „Die Anatomie des Dr. Tulp", so der Titel des historischen Gemäldes. Der Nachwelt erhalten geblieben ist komischerweise auch der Tote auf dem Seziertisch, ein Straßenräuber namens Adriaan Adriaanszoon. Tulp und dieser Adriaanszoon sind die Einzigen auf dem Bild, die namentlich bekannt sind, alle anderen Personen – Neugierige, Wissens- und Skandalhungrige – bleiben anonym.

Morituri te salutant

Der Seziersaal im Staatslabor auf dem Verlorenkost hat wenig gemeinsam mit Rembrandts Gemälde. Es handelt sich nicht um einen historischen Saal im Halbrund mit einem Seziertisch in der Mitte, so wie dies an den medizinischen Fakultäten oft der Fall ist. Unser „Top Secret"-Ort befindet sich im Untergeschoss des Staatslabors und ist sehr eng bemessen. Zu zwei Seiten fällt durch Kellerfenster natürliches Licht hinab auf den Seziertisch, zusätzlich beleuchten aber auch Neonröhren den Raum.

Vorerst betritt man aber die „Morgue", ein kleines Vorzimmer, in dem sich rechts an der Wand vier kleine quadratische Türen befinden. Es sind mannsgroße Schubladen. Darin werden die Leichen vor und nach der Obduktion aufbewahrt. Alles hat hier seine Ordnung, kleine gelbe Post-it-Zettel geben Aufschluss darüber, wer wo gebettet ist.

Ein süßlicher Geruch wabert durch den Raum und begleitet den Besucher weiter zum Seziertisch. Dieser ist aus rostfreiem Stahl und damit bestens abwaschbar. Er hat auch ein leichtes Gefälle zur Mitte, damit sich die menschlichen Flüssigkeiten dort sammeln und zum Abfluss weitergeleitet werden können. Der Tisch steht in Verbindung mit einem Spülstein.

*Der Seziertisch:
Eine Leichenöffnung kann bis zu sechs Stunden dauern.*

Die Wände sind weiß gekachelt, und auf einem kleinen Fenstersims liegt die gesamte Auswahl an Werkzeugen, alles fein säuberlich ausgebreitet. Das Instrumentarium reicht von der winzigen Pinzette bis zum stattlichen Fuchsschwanz. Beim Aufspüren der exakten Todesursache sind

Auf den Spuren eines Verbrechens mit Schere, Messer und Pinzette.

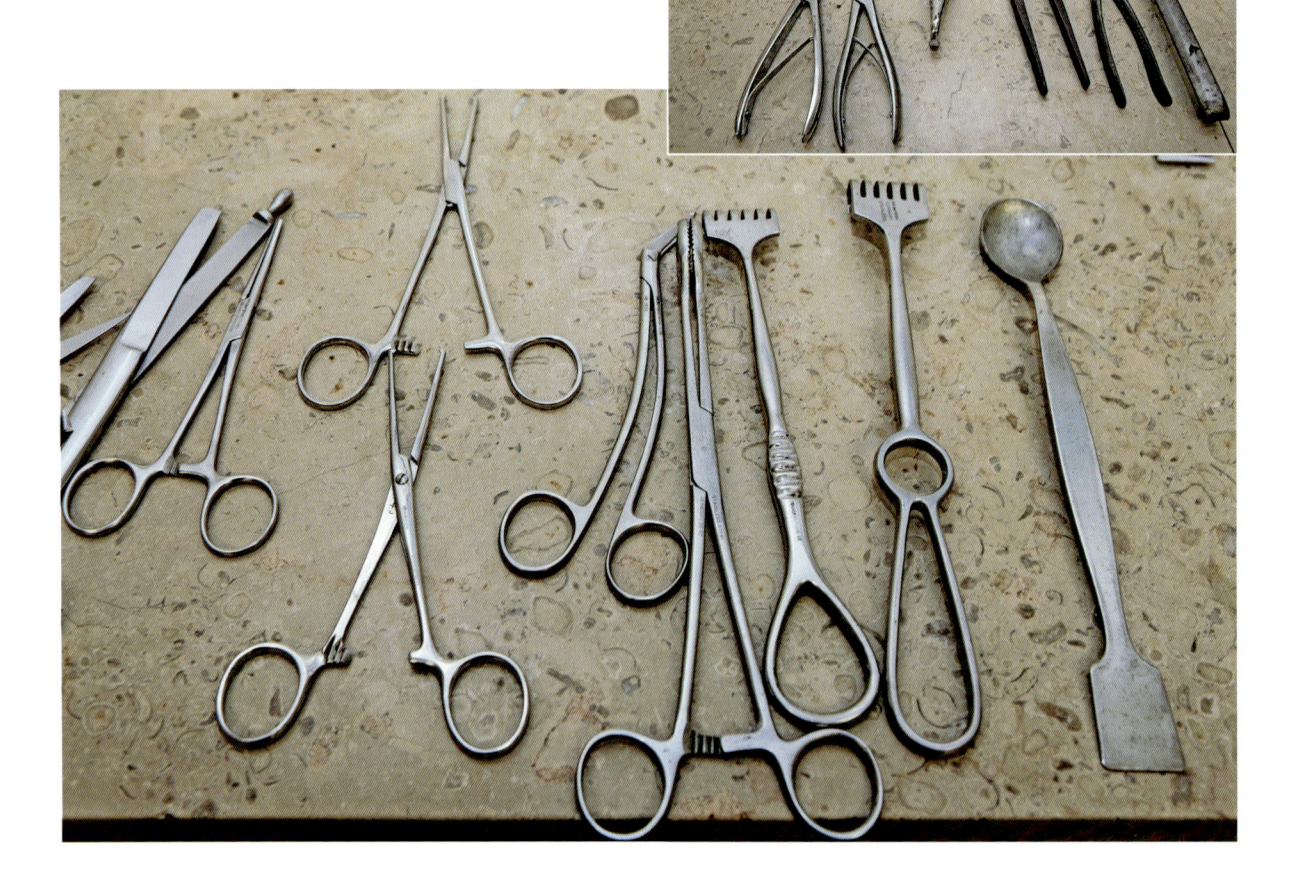

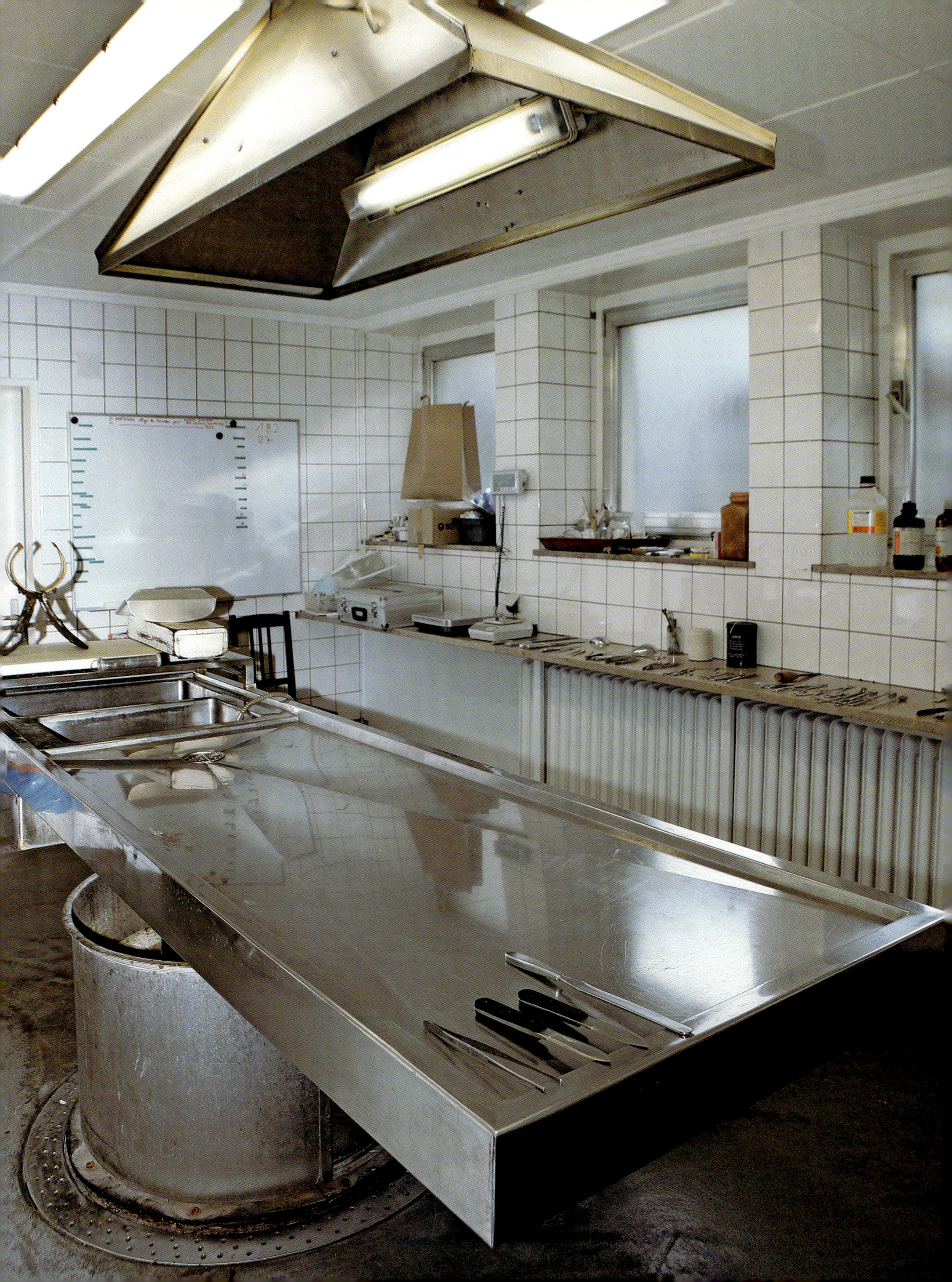

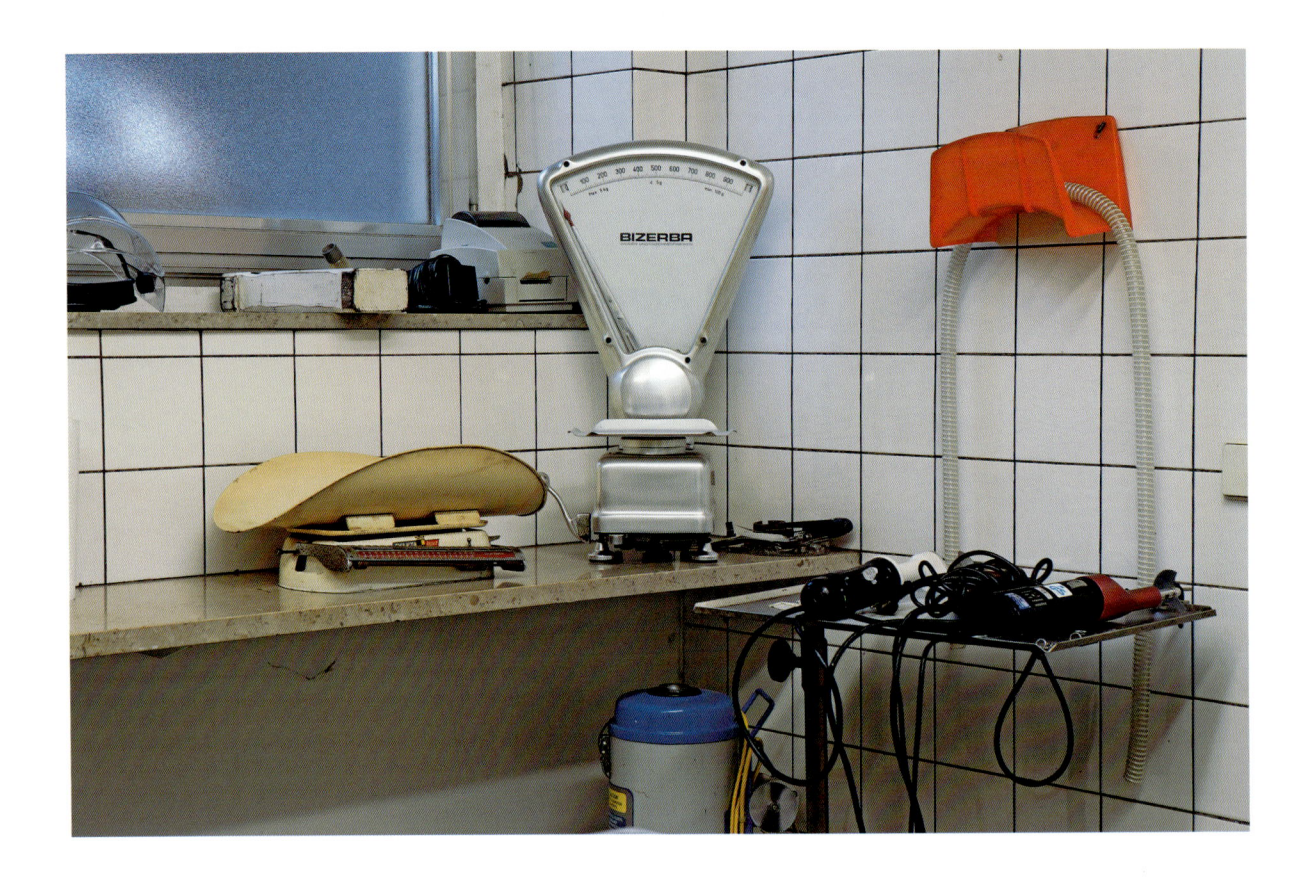

Waage und Kreissäge: Der Blick in die Leiche entscheidet letztlich auch darüber, wie lange ein Verbrecher hinter Gitter muss.

halt alle Mittel recht: Messer und Skalpelle, Kneifzangen und Sägen, Waage und Spachtel, ja sogar ein großer Schöpflöffel liegt parat. Etwas altertümlich ist eine runde Kopfklammer aus Metall, die dazu dient, den Schädel festzuzurren. Einige elektrische Geräte, Kreissägen und Bohrer, vervollständigen das Sortiment, und eine Schutzmaske wartet auf den Gerichtsmediziner.

Autopsien werden zumeist in drei verschiedenen Fällen angefragt. Zunächst kann ein Arzt nach einer Obduktion ansuchen, wenn er die Todesursache eines friedlich, aber an einer unbekannten Krankheit verstorbenen Menschen genauer ergründen will. Solche Autopsien werden von den Pathologen des Staatslaboratoriums durchgeführt. Auch die Hinterbliebenen eines Verstorbenen können eine Leichenöffnung wünschen, dann zum Beispiel, wenn sie der Meinung sind, ein Arztfehler liege vor, oder wenn sie die vollständige Gewissheit darüber haben wollen, warum ein Familienmitglied gestorben ist. Und Autopsien werden auch bei mutmaßlichen und offensichtlichen Tötungsdelikten sowie an Drogentoten durchgeführt. Dann ordnet die Justiz die Nekroskopie an. Der Seziersaal ist somit auch ein Gradmesser der Kriminalität Luxemburgs. Im Schnitt werden jährlich 80 Autopsien hierzulande auf Anordnung des Untersuchungsrichters durchgeführt.

Einen eigenen Gerichtsmediziner hat das Staatslaboratorium derzeit nicht, obwohl ausreichend Arbeit für einen solchen da wäre. Man will in dem kleinen Luxemburg, wo jeder jeden kennt, Distanz zu den Nachkommen der Toten halten und eine

Post Mortem: Im Kühlschrank können gleichzeitig vier Leichen gebettet werden.

vollständige Unabhängigkeit bewahren. Deshalb wird auf ausländische Rechtsmediziner zumeist der Universität Homburg zurückgegriffen, die den Job für Luxemburg erledigen. Also keine Machenschaften am Seziertisch! Justiz und Medizin wollen ganze Wahrheit und volle Gewissheit. Schließlich geht es nachher auch darum: War es Mord oder nur versehentliche Tötung?

Miss Marple im weißen Kittel

Bei Autopsien wird immer der gesamte menschliche Körper nach möglichen Indizien untersucht. Auch wenn auf den ersten Blick ein Kopfschuss zu erkennen ist, muss das Opfer nicht unbedingt daran gestorben sein. Deshalb dringt der Gerichtsmediziner – wie bereits erwähnt – in sämtliche Höhlen vor: Kopfhöhle, Brusthöhle, Bauchhöhle! Die Dramaturgie eines Mordfalls kann durchaus auf sehr verschlungenen Pfaden wandern, und so hat das Opfer vielleicht eine verhängnisvolle Tasse Tee mit einem Hauch Zyankali getrunken, bevor der Kopfschuss fiel. Who knows? Miss Marple im weißen Kittel wird es jedenfalls rausfinden. Angst vor der Leiche? Nein, für den Gerichtsmediziner ist es Routinearbeit. Neugier und Drang nach Gewissheit überwiegen hier.

Autopsie und Mord, kaum eine Krimiserie, kaum ein Kriminalroman kommt heutzutage ohne einen Rechtsmediziner aus. Derrick und Co., sie alle sind regelmäßige Besucher des Seziersaals. Der prominenteste Gast im Keller des Staatslaboratoriums – lebend wohlgemerkt – war der Filmschauspieler Gérard Depardieu. Eine Sequenz des Streifens „Diamant 13", der Anfang 2009 ins Kino kommen wird, wurde hier gedreht.

5 152
6091
6776
AMIRAL ZEDE
CHATEAU LABEGORCE ZEDE
MARGAUX
12 Blles
2004
6777
GRAND VIN
CHATEAU POUJEAUX
MOULIS-MEDOC
Barón de Oña
TINTO
MEDOC
CHATEAU ARNAULD
Château La Tour Figeac
SAINT-EMILION
CRU BOURGEOIS
6780
CLOS FLORIDENE
GRAVES BLANC
6062
2002
PEPPOLI

CERCLE MUNSTER LUXEMBURG-GRUND
„La Privilégiature"

Hier wären der Bock-Siegfried und die Alzette-Melusina auch gerne eingekehrt – vorausgesetzt, es hätte den Cercle Munster damals schon gegeben und, noch viel wichtiger, sie wären auch Mitglied in dem erlauchten Kreis gewesen. Sonst hätten sie sich wohl von Ermesinde einladen lassen müssen, die soll ja etwas vermögender gewesen sein und hätte sicher eine Eintrittskarte gelöst. Mitglied sein oder nicht Mitglied sein, das ist beim Cercle Munster die Frage. Aber als Begleiter ist jeder willkommen. Weiterer Vorteil einer solchen Einladung: Als Gast erfährt man nichts über die exquisiten Preise, nur dem Gastgeber wird eine Menükarte mit Zahlen und Eurozeichen ausgehändigt.

Bei der Speisen- und Getränkeauswahl sollte man sich Zeit nehmen. Über 220 Seiten umfasst allein die Weinkarte. Und das Schmökern in dem Katalog, der es mit jedem Telefonbuch aufnehmen könnte, hat schon etwas für sich. Sage und schreibe 2 000 Referenzen (allein etwa 1 200 Bordeaux-Weine) werden darin aufgeführt, darunter so edle Tropfen wie der Petrus, der von einem der teuersten Weingüter der Welt stammt. Ab 2 000 Euro kann man sich von seiner Qualität überzeugen. Das kommt aber zugegebenermaßen eher selten vor, etwa alle zwei Jahre schaut ein Liebhaber vorbei, der sich den edlen Tropfen munden lässt, trotz oder gerade wegen seines prohibitiven Preises …

Vier Keller mit 90 000 Flaschen

Den Weinkeller des Cercle Munster auf den Petrus zu reduzieren, hieße aber ihm Unrecht tun. Etwa 90 000 Flaschen beherbergt er; Gesamtwert: rund 1,5 Millionen Euro. Das ist der Einkaufspreis wohlgemerkt, denn die flüssigen Preziosen werden nicht jedes Jahr neu bewertet, obwohl ihr Wert mit der Zeit, sprich dem Alter der Jahrgänge, steigt. Aber den Aktionären des Cercle Munster kommt es beim Wein auf die Auswahl an, nicht auf den Umsatz. Während die Weinkisten in drei angemieteten Kellern unter der Rue Plaetis gestapelt werden, lagern im Flaschenkeller unter dem roten, also dem linken Haus des Cercle-Munster-Komplexes rund 55 000 Bouteillen. Ein überwältigender Anblick bietet sich jedem, der sich durch die 17 bis an die Decke gefüllten Regale schlängelt. Und dass die Bedienung des Öfteren hier unterwegs ist, dafür sorgt ein „Durchlauf" von sage und schreibe 25 000 Flaschen pro Jahr.

Eigentlich folgt die Weinkarte dem Prinzip: einen ordentlichen Wein zu einem ordentlichen Preis.

Bleibt die Frage, wer diese edlen Tropfen angeboten bekommt. Beim Cercle Munster handelt es sich im Grunde genommen um einen Service-Club, der zugleich ein Lokal besitzt, eine Infrastruktur, die die Aktionäre vor allem für sich selbst nutzen. Das können zum Beispiel renommierte Unternehmen sein, die hohe Gäste aus dem Ausland in Luxemburg empfangen und nicht unbedingt mit ihnen zu ihrem Sitz nach Colmar-Berg, Contern oder Windhof fahren wollen. Und da sie bei Bedarf auf den Cercle zurückgreifen können, brauchen sie keine eigene Empfangsstruktur, was wiederum Kosten spart. Viele der bekanntesten Luxemburger Unternehmen haben über Mitarbeiter Zugang zum Cercle. Je ein Fünftel der Stammkundschaft machen die Banken, die Dienstleistungsbranche, die Industrie, der Handel und Privatleute (Ärzte, Anwälte, Notare) aus. 85 Prozent des Umsatzes entfallen auf Geschäftsessen, der Rest auf Familienfeste, Valentinstag oder das traditionelle Heringsessen am Aschermittwoch. Das macht im Durchschnitt 180 Gäste am Tag oder rund 45 000 Gedecke im Jahr.

Ohne Gegenstimme in geheimer Wahl

Neben dem bekannten Sitz in Luxemburg-Grund, unmittelbar am Ufer der Alzette gelegen, gehören heute zum Cercle Munster zwei Gesellschaften mit nicht weniger als 31 Angestellten. Die Aktiengesellschaft, die für die kommerziellen Aspekte (wie den Weinein- und -verkauf) zuständig ist, wurde im Oktober 1982 gegründet, die gemeinnützige Vereinigung (Asbl.) im Oktober des darauf folgenden Jahres. Im September 1984 war es dann so weit: Der Cercle Munster wurde eröffnet. Offiziell eingeweiht wurde er aber erst am Nikolaustag desselben Jahres.

Die ersten 250 Mitglieder waren zugleich die ersten Aktionäre des Kreises. Heute zählt er deren 550, die mindestens eine, maximal neun Aktien

Der Stolz des Hauses: In den verschiedenen Weinkellern lagern rund 90 000 Flaschen. Noch Durst?

Denn neben dem Top of the Top wie dem Petrus oder dem Cheval Blanc gibt es leckere Schnäppchen, etwa den Clos Floridène, einen Graves, der hervorragend zu Fisch passt und schon für 35 Euro zu haben ist. Oder den Chambolle-Musigny vom Comte de Vogüe, einen sehr leichten, sehr feinen Burgunder, der eigentlich alle Qualitäten hat, die Weine aus der Bourgogne haben müssen. Ab 150 Euro wird er kredenzt. Oder den Léoville-las-Cases, einen der berühmtesten Médoc-Weine überhaupt und in der 0,375-Flasche für 70 Euro geradezu preiswert. Natürlich dürfen auf der Karte auch die typischen und gleichsam beliebten Weißweine aus Luxemburg nicht fehlen.

Liebesgrüße aus Kasachstan: Ein Maral ziert die Kaminwand in der Bibliothek.

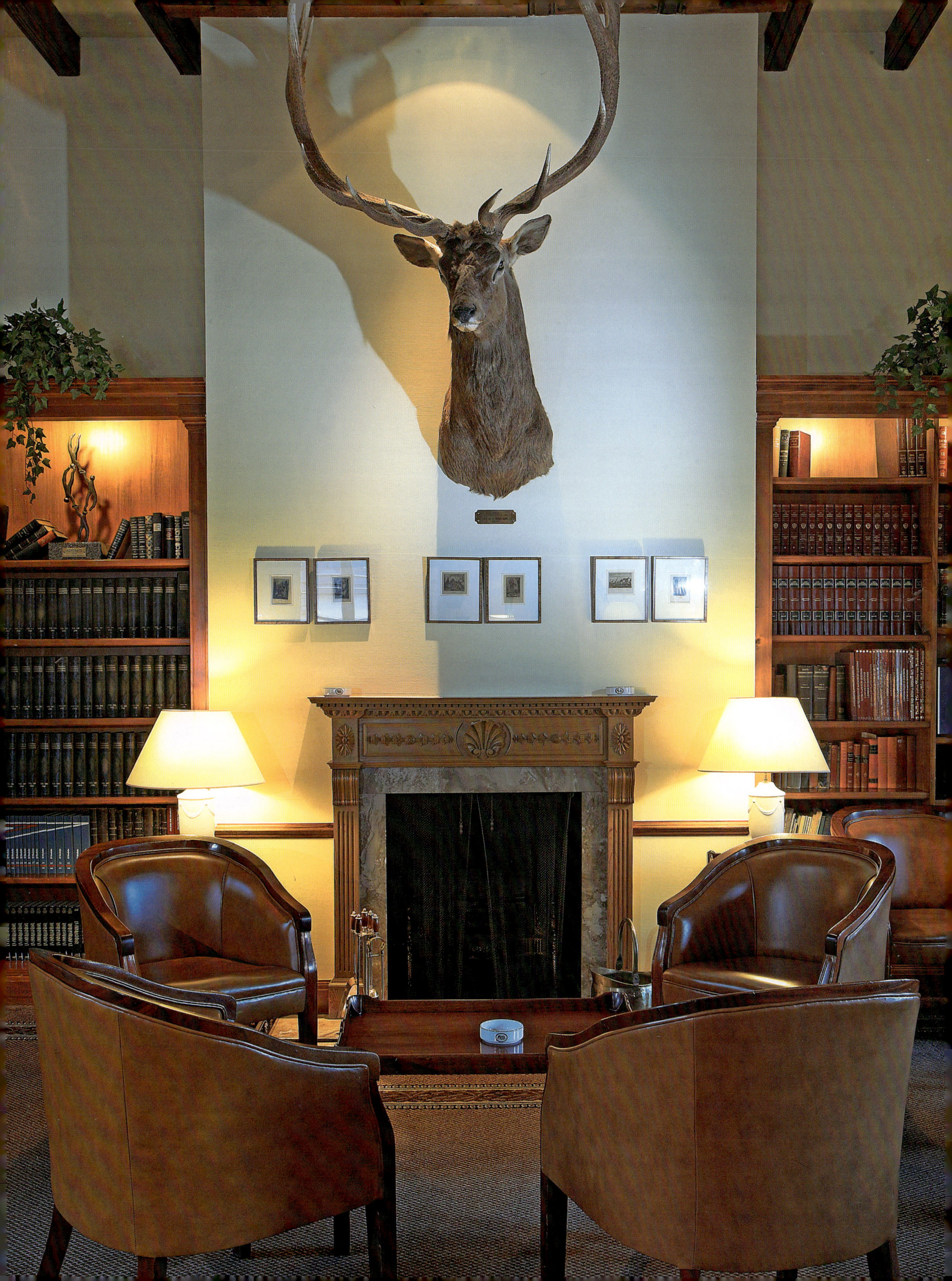

kaum aktive Politiker und verhältnismäßig wenig EU-Beamte. Woran das wohl liegen mag?

Der Cercle Munster – da die Rue Munster ohne Pünktchen auf dem u geschrieben wird, verzichtet auch der Cercle Munster in seinem Namen auf das Trema – sieht sich in der Tradition englischer Clubs. Die haben ihren Ursprung in Indien, wo die Offiziere der Kolonialmacht darin ein zweites Zuhause sahen. Waren bei den Briten aber nur Männer zugelassen, konnten in Luxemburg von Anfang an Männer wie Frauen Mitglied werden: «le Cercle s'enorgueillit de compter des dames parmi ses adhérents». „Das stand nie zur Debatte", sagt dazu Georges Wagner, seit 1983 Direktor des Kreises und längst Teil des Inventars, ohne selbst zu den Aktionären oder Mitgliedern zu zählen. Trotzdem werden Männlein und Weiblein nicht gleich behandelt: Für Erstere sind Sakko und Krawatte Vorschrift, für Letztere gibt es keinen Dress Code.

Unauffällig und „cosy"

Der Cercle Munster gibt sich alle Mühe, diskret aufzutreten. Mit übertriebener Geheimniskrämerei hat dies aber nichts zu tun. So wird zum Beispiel jedes Jahr eine Liste mit den Namen aller Mitglieder veröffentlicht. Natürlich geht damit niemand hausieren, so ist sie auch nicht im Internet zu finden, aber jeder soll wissen können, wer Mitglied ist. Mit Sozialneid, so Wagner, habe der Cercle auch noch nie ein Problem gehabt. Dazu trage die selbst auferlegte Zurückhaltung, was das Außenbild angeht, bei. Radau sei wirklich das Letzte, was man wolle, schließlich sei der unauffällige Stil die Geschäftsgrundlage des Hauses.

Diese Haltung spiegelt auch das Interieur wider. Die Gäste sollen sich hier wohl, also wie zu Hause fühlen. Der Engländer würde die Einrichtung als „cosy" bezeichnen – ein Feeling, das sich nur unzureichend mit gemütlich oder behaglich übersetzen lässt. Zur Vertrautheit trägt auch der treue Blick eines Marals bei. Der Kopf des kasachischen Hirschs ziert die Kaminwand in der Bibliothek im zweiten Stock. Dahin gelangt man

Ein seltenes, da kostspieliges Vergnügen: Edelste Tropfen stehen den Mitgliedern zur Auswahl.

à 2 479 Euro (seinerzeit 100 000 Luxemburger Franken) besitzen. Aktionär werden können übrigens Personen wie Gesellschaften. Von den 1 200 Aktien sind derzeit 861 verkauft, was dem Cercle ein Kapital von 2,1 Millionen Euro garantiert. Die Aktionäre sind folglich auch die Besitzer des Weines, aber ein Aktionär ist nicht automatisch ein Vereinsmitglied (nur Personen), das sind zwei verschiedene Paar Schuhe!

Mitglied werden kann, wer einen Antrag stellt, zwei Fürsprecher hat und schließlich von einem fünfköpfigen Aufnahmekomitee in geheimer Abstimmung ohne Gegenstimme akzeptiert wird. 1 500 Mitglieder zählt der „Club" heute (Eintrittsgage: 1 250 Euro, Jahresbeitrag: 450 Euro). Darunter etwa zwei Drittel Luxemburger und ein Drittel Ausländer, die aber für über 50 Prozent des Umsatzes sorgen, sehen sie in dem Cercle doch einen „second foyer", einen „point d'attache", der ihnen die Kontaktaufnahme erleichtert. Es gibt übrigens keine „automatischen" Mitgliedschaften im Cercle, und im Kreis der Mitglieder finden sich

*Edel, aber nicht protzig:
Die Innenausstattung verzichtet bewusst auf übertriebenen Pomp.*

über eine elegante, hölzerne Wendeltreppe, die vom Foyer im Erdgeschoss zu der Bar im ersten Stock und von dort weiter nach oben führt.

Rund 1 000 Quadratmeter Platz bieten die beiden Gebäude, die der Cercle an der Rue Munster von den Erben der Brauerei Funck-Bricher angemietet hat. Küche, Patisserie und Teile des Weinkellers wurden im Rahmen größerer Umbauarbeiten (1992–1994) „ausgelagert", zu groß war der Bedarf an Speiseräumen. Im Erdgeschoss befinden sich neben dem Foyer noch eine Brasserie sowie eine Terrasse, die Bankettäume des Restaurants verteilen sich auf den ersten und den zweiten Stock.

Zum Wohlfühlen gehört neben exquisitem Ambiente und handverlesener Kundschaft auch gutes Essen. Als französisch gastronomisch bezeichnet sich die Munster-Küche, in der nicht weniger als acht Köche und drei Patissiers tätig sind. Und sie sind sich nicht zu schade, auch einen dreigängigen „plat du jour" für unter 40 Euro anzubieten.

Der Club sieht sich übrigens nicht als Konkurrenz zur traditionellen Gastronomie. Die Aktiengesellschaft hat das Restaurant dauerhaft für die Mitglieder der Asbl. reserviert. So die offizielle Lesart, und dank der kam der Cercle Munster ohne neues Gesetz, ohne „Lex Munster", aus; denn eigentlich müssen Restaurants in Luxemburg öffentlich zugänglich sein.

„Cercle ultime de la privilégiature"

Zum Charme seines Sitzes vor geschichtsträchtiger Kulisse gehören die vielen verwinkelten Zimmer, deren Fenster jedes Mal eine andere Ansicht der verheißungsvollen Luxemburger Altstadt offerieren. Der Grund ist eben doch ein privilegierter Ort! Das bestätigen übrigens auch die beiden Autoren des Buches „La Privilégiature" (1988), in dem vom Jockey Club bis zum Ordre du Clou lauter „Clubs et cercles privés" vorgestellt werden. Der Cercle Munster bekommt darin drei Schlüssel zugeteilt, womit er zu den „cercles ultimes de la privilégiature" gehört: «si vous en devenez membre, il vous restera seulement à briguer… un fauteuil à l'Académie française».

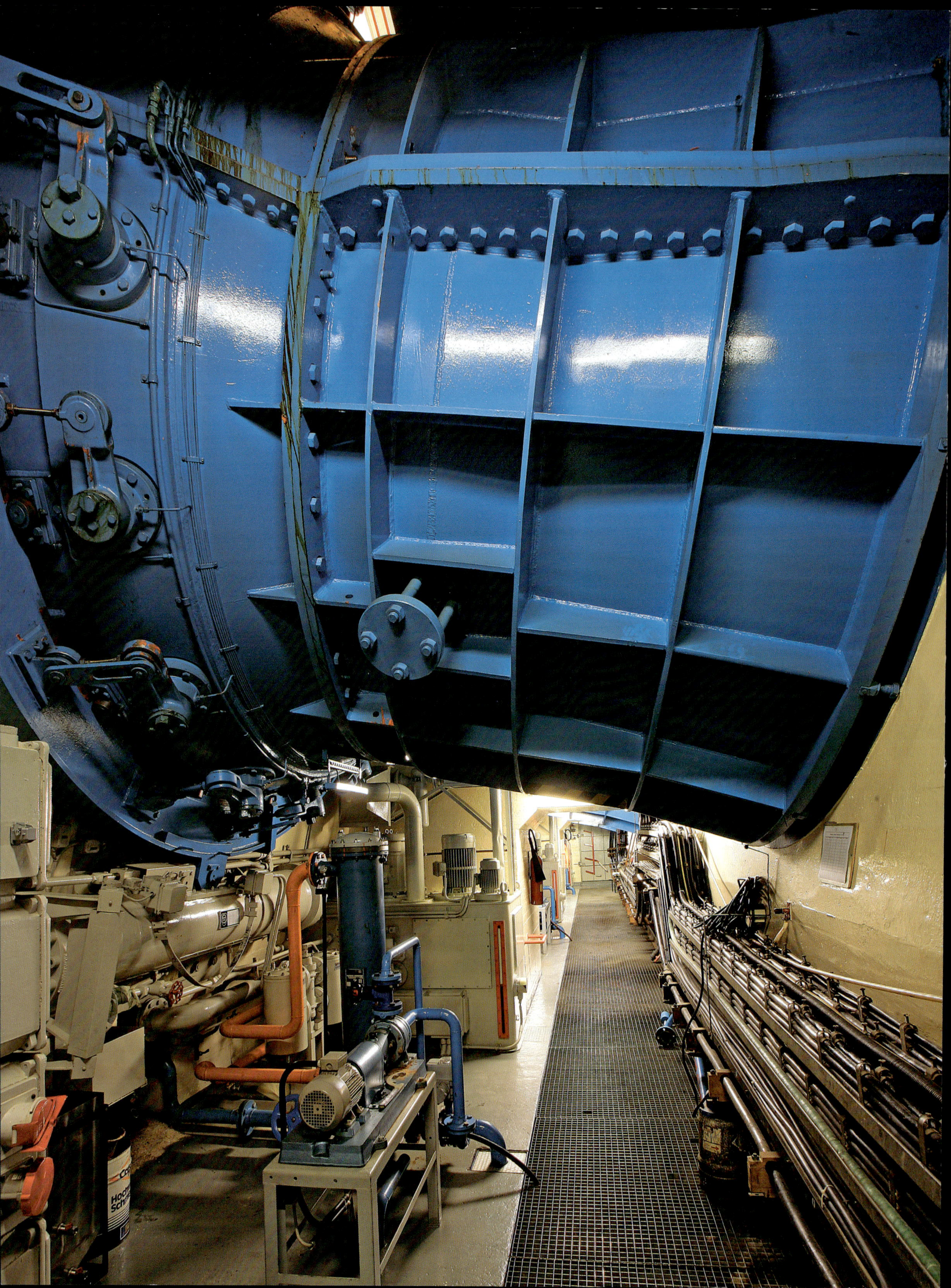

WASSERKRAFTWERK GREVENMACHER
Strom-Strom dank Wellen-Wellen

Keine Frage, Schmuggler, Schieber und Schleuser würden sich hier wohlfühlen, wären hier in ihrem Element, hier, in diesem schmalen Gang, hinter dicken Wänden aus Beton, mitten in der Mosel. Ja, Sie haben richtig gelesen, in der Mosel. Trockenen Fußes kann man sie hier durchqueren. Möglich macht dies nicht etwa eine wie auch immer geartete übernatürliche Macht, sondern die Our-Kraft. Die beschränkt sich nämlich beileibe nicht nur auf das Einzugsgebiet des kleinen Ardenner Flüsschens.

Zu verdanken hat es seine hegemoniale Stellung in der Luxemburger Flusslandschaft der „Société électrique de l'Our", die nicht nur das berühmte Viandener Pumpspeicherkraftwerk betreibt, sondern nebst zahlreichen Windkraftanlagen auch mehrere Wasserkraftwerke. An der Mosel gehören gleich sieben zur SEO-Gruppe. Man hätte es der kleinen Our gar nicht zugetraut, einmal die große Mosel zu bändigen …

An fast allen Staustufen des Grenzflusses wird auch Elektrizität erzeugt. In Frankreich hat der Energieproduzent aus Luxemburg seine Hände in Koenigsmacker und Uckange sowie in Liégeot und Pompey (bei Nancy) mit im Spiel oder vielmehr: mit im Wasser. In Luxemburg gibt es Kraftwerke an allen drei Stufen, also in Schengen-Apach, in Stadtbredimus-Palzem und in Grevenmacher-Wellen.

Grenzüberschreitend

Eine extravagante Grenzführung lässt an den drei Standorten sogenannte Kondominien entstehen: Die deutsche Grenze verläuft auf Luxemburger, die luxemburgische auf deutscher Seite. Was dazwischen liegt, erfüllt somit die Kriterien eines Kondominiums. Es handelt sich dabei um ein Gebiet, über das mehrere Staaten gleichzeitig herrschen. Der Begriff stammt vom lateinischen „con" (zusammen) und „dominium" (Besitz), bezeichnet also etwas, was man gemeinsam besitzt, und hat trotz phonetischer Nähe rein gar nichts mit einer Gummihülle zu tun.

Zu dem Kondominium zwischen Grevenmacher und Wellen gehören die Schiffsschleuse und gleich daneben eine Bootsschleuse und eine Bootsrutsche, in der Mitte des Stroms dann das Wehr mit seinen beiden Sektoren, die den Pegelstand regulieren helfen, und weiter zum deutschen Ufer hin eine Fischleiter und schließlich das Wasserkraftwerk. Wie aber wird man nun zu einem Grenzgänger, der trockenen Fußes und ohne tödlichen Strom-

Moseltunnels als Pendant zu den Moselbrücken: der Wehrkontrollgang in der Staustufe.

schlag durch die Wellen vor Wellen von Wasserkraftwerk zu Schleuse waten kann?

Ein schätzungsweise hundert Meter langer Wehrkontrollgang ist des Rätsels Lösung. Er ist fast so lang wie die Mosel breit, verbindet das Kraftwerk auf deutscher mit der Schleuse auf luxemburgischer Seite, allerdings ohne eine Grenze zu überschreiten – das Kondominium macht's möglich. (Ist es nicht schön, wenn sich zwei Nachbarstaaten gut verstehen und sich ihre Grenze teilen? Das ist wahrhafte Grenzkontrolle!)

Grenzenlos

Schmugglern, Schiebern und Schleusern dürfte der Verbindungstunnel überaus gelegen kommen, früher mehr noch als heute, schließlich sind die Grenzen – Schengen sei Dank – mittlerweile offen. Aber auch als die Barrieren in den Köpfen und die Schlagbäume an den Straßen noch nicht abgebaut waren, wäre es undenkbar gewesen, unbehelligt von einem Ufer zu dem anderen zu gelangen. Bevor man „übersetzen" konnte, musste man nämlich der anderen Seite Bescheid geben, das heißt telefonieren.

In Deutschland war zuerst die Mutterverschraubung an einer Doppelschotttür zu lösen und von Luxemburger Seite her musste man erst die sogenannte Zolltür aus Stahldraht aufsperren, die sich nur ein paar Schritte davor oder dahinter befindet, je nachdem von welcher Seite aus man sich ihr nähert. Theoretisch hätte sogar bei jedem „Grenzverkehr" ein Zöllner anwesend sein müssen, aber diese Forderung blieb zeitlebens graue Theorie. Kontrolle ist gut, Vertrauen besser!

Vertrauen muss man „unter Wasser" auch dem Material. Und so dient die Doppelschotttür, die von deutscher Seite in den Wehrkontrollgang führt, nicht etwa der Abschottung von den großherzoglichen Nachbarn auf der anderen Seite des Flusses. Sie ist wasserdicht und druckstabil und soll verhindern, dass im Falle eines Lecks im Wehr das Wasser bis in den Maschinenkeller dringt und so das gesamte Wasserkraftwerk absäuft. Und was Wassermassen abhält, hält auch unehrlichen Zeitgenossen stand. Dass sich solche aber mal des Kontrollgangs bedient oder sich ihm auch nur in böser Absicht genähert hätten, ist nicht überliefert. Ist vielleicht auch besser so, denn es ziemt sich nicht, der Fantasie Grenzen aufzuzeigen.

Das Einzige, was heute noch – völlig legal – durch den Versorgungstunnel der etwas anderen Art geschleust wird, ist Energie. Der Strom, der im Kraftwerk am deutschen Ufer produziert wird, wird nämlich integral ins Cegedel-Netz auf luxemburgischer Seite gespeist. Mehrere schwarze Kabel „strömen" vom Maschinenkeller durch Wände an Doppelschott- wie Zolltür vorbei in den Wehrkontrollgang und transportieren ihre kostbare Fracht an Mittel- und Schleusenpfeiler vorbei ins nach Energie gierende Großherzogtum: damit die Einheimischen die Spiele der Fußballbundesliga am Fernsehen verfolgen können, damit die Grenzgänger Licht an ihrem Arbeitsplatz haben und damit Köche beiden eine leckere „Friture" mit fangfrischen Moselfischen anbieten können. Das Paradies auf Erden, nicht wahr?

Grenznah

Nur in Glaskästchen ruhende grellrote Rettungsmasken deuten darauf hin, dass die Stromproduktion vielleicht doch nicht so selbstverständlich ist wie angenommen. Im Brandfall sichert einem die vom Wartungspersonal nur „Not-Atmer" ge-

*Eine der drei Turbinen:
Energy makes the world
go round ...*

ESCHER WYSS
Rohrturbine D=3200
H = 5,50 m   P = 3556 PS
Q = 55,00 m³/s   n = 120 U/min

Maschineneinstieg: Durch dieses hohle Loch muss gehen, wer ins Getriebe gelangen will.

nannte Maske das Überleben in dem Tunnel unter Wasser.

Ein weiterer Hinweis auf die zahlreichen Sicherheitsvorkehrungen: Im Schleusenpfeiler, wo übrigens einige Schautafeln die seltenen Besucher über das erstaunliche Bauwerk im Moselbett aufklären, wird das Licht nie ausgeschaltet. Auch hier verhindert eine Schotttür das Eindringen von Wasser. Im Falle eines Falles kann dies lebensrettend sein, denn im Gegensatz zum Pfeiler in der Mitte des Wehrs führt vom Schleusenpfeiler ein Weg ins Freie, sprich auf die Schleuse.

Der Name des Wehrkontrollgangs verrät, worum es sich dabei eigentlich handelt. Das Wehr in Grevenmacher besteht aus zwei beweglichen Sektoren, die sich zentimetergenau bedienen lassen, um den Pegelstand zu regulieren. Lässt man Wasser unter die ebenfalls mit Wasser gefüllten Hohlkörper der Sektoren laufen, werden diese nach oben gedrückt und das Wasser wird gestaut, der Pegel des Oberwassers steigt, der des Unterwassers fällt. Gesteuert werden die Aktivitäten an der Staustufe Grevenmacher-Wellen übrigens von der RWE-Zentralwarte im deutschen Weinort Fankel, unweit von Cochem an der Mosel.

Vom Gang geht es durch die Maschinenhalle. Dahinter führt eine Treppe nach oben, ins „Trockene" – vorbei am Batterieraum, in dem es nicht nur von Batterien, sondern auch von Verboten nur so wimmelt: kein offenes Licht, kein Feuer, nicht rauchen. Das Notstromaggregat ist deshalb so wichtig, weil die Pumpen immer geschmiert werden müssen und die Maschinen stets sachgemäß abgeschaltet gehören. Merke: Auch ein Wasserwerk ist nicht gegen einen Stromausfall gefeit, aber bestens darauf vorbereitet!

Grenzwertig

Von außen gibt sich das 1964 in Betrieb genommene und direkt am Moselufer gelegene Wasserkraftwerk überaus unscheinbar. Ein schäbig anmutendes Gebäude beherbergt Büro und Werkstatt. Neben einem Kranpodium – er kommt bei Revisionsarbeiten und dem Rechenreinigen zum Einsatz – führt eine Tür nach unten, ins vielfach interessantere verborgene Reich des Poseidon. Auf den fast schon antiken Fliesen einer gelblichen Treppe gelangt man zu einem – mit Werkzeug voll gestopften – Notein- bzw. -ausgang. Der Stollen führt vom Kraftwerksgebäude unter der nahe gelegenen Straße 419, dem deutschen Pendant der Luxemburger „Route du Vin", hindurch auf einen höher gelegenen Bahnsteig. Bei großem Hochwasser ermöglicht er, dass sowohl die Mitarbeiter des Wasserkraftwerks wie der Schleuse (via Wehrkontrollgang) zu ihrem Arbeitsplatz gelangen, ohne nasse Füße zu bekommen oder auf Nachen zurückgreifen zu müssen.

Ein Stockwerk tiefer befindet sich das Herzstück der Stromerzeugung: die Maschinenhalle mit ihren drei Kaplan-Turbinen mit liegender Welle. Das Oberwasser gelangt in den Einlauf, wird von einem Rechen von groben Mitbringseln befreit, strömt an Generator und Getriebe vorbei und betreibt die Turbine, bevor es in den Auslauf fließt. Bis zu 50 Kubikmeter Wasser können pro Maschine in jeder Sekunde evakuiert werden. Etwa sechs Meter beträgt der Höhenunterschied. Die Maximalleistung liegt bei 7,5 Megawatt – vorausgesetzt, die Mosel führt ausreichend Wasser, um die drei Maschinen zu betreiben, denn der vorgegebene Wasserstand darf lediglich um fünf Zentimeter über- oder unterschritten werden. Schließlich wollen die Schiffe in der ihnen zugedachten, stellenweise nur drei Meter tiefen Fahrrinne immer eine Handbreit Wasser unterm Kiel haben. Da genießt die Schifffahrt dann doch Vorrang vor der Stromerzeugung. Außerdem benötigt die 172 mal 12 mal 6 Meter große Schleuse auch Wasser.

Grenzfall

Und hätten Sie's gewusst: Bei Hochwasser wird weniger Strom erzeugt als sonst. Dann ist der Höhenunterschied am „Grenzwall" zwischen Ober- und Unterwasser nämlich geringer; das bedeutet weniger Gefälle und somit weniger Energie, also weniger Elektrizität. Je mächtiger der Moselstrom, desto weniger Moselstrom. Verkehrte Wasserwelt.

Stets im Blick: Den Pegelstand reguliert die RWE-Zentralwarte aus Fankel an der Mosel.

In der unvermutet großen Maschinenhalle beherbergt ein mächtiger gefliester Sockel mit Brüstung die drei Maschineneinstiege. Eine eiserne Steigleiter führt bis ins Getriebe. Darin ist man – wie in einem U-Boot – umgeben von Wasser. Länger darin aushalten tut man's aber nur, wenn die Turbine nicht läuft, ansonsten ist der Lärm ohrenbetäubend. Doch der beklemmende Eindruck, sich in einem Unterseeboot zu befinden, der stellt sich sofort ein. In der Mosel verkehren also doch U-Boote. Verschwörungstheoretiker haben es ja schon immer gewusst!

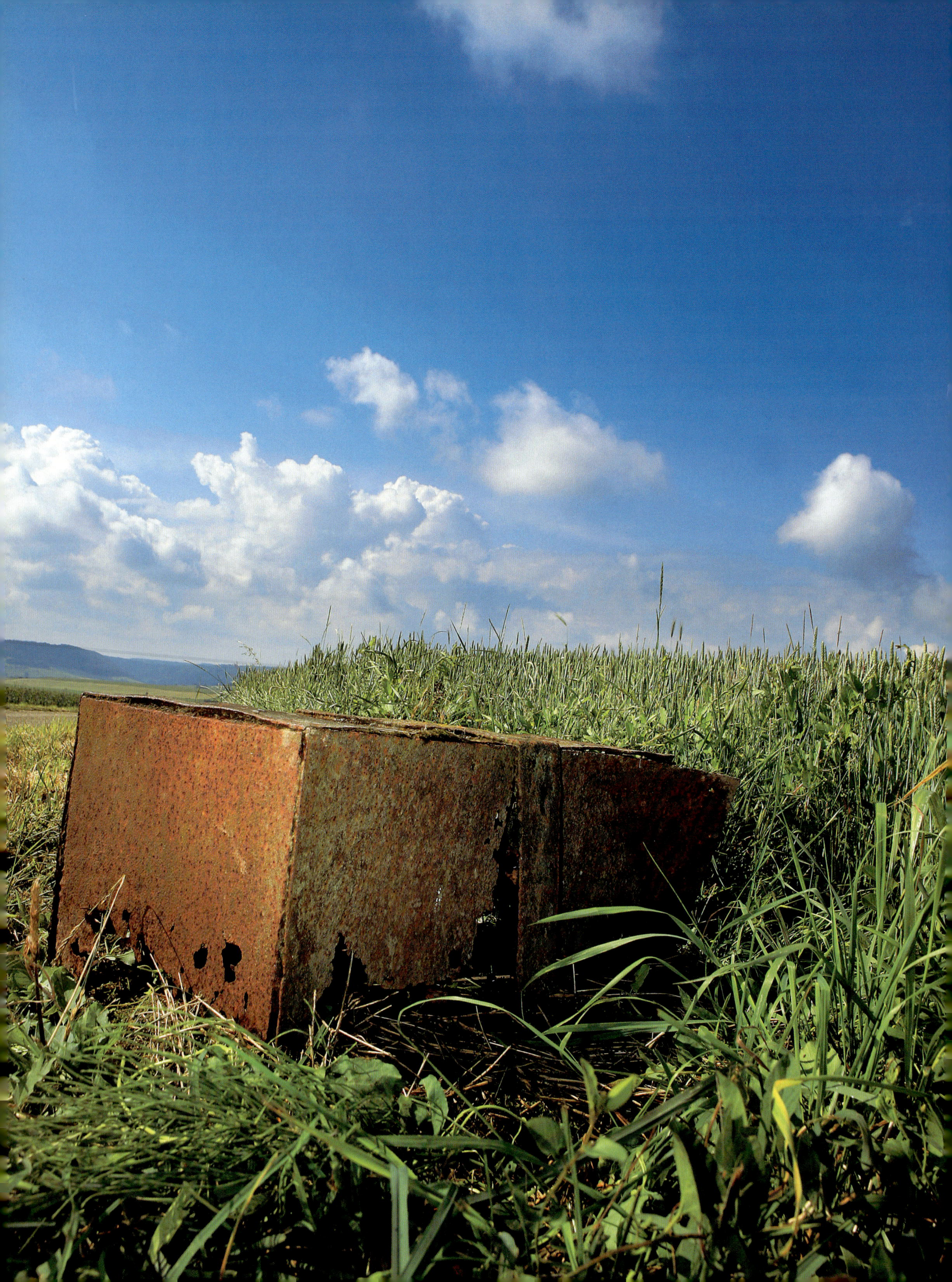

GEHEIMES WAFFENVERSTECK IN BISSEN?
Die Kiste

Da liegt sie vor mir, die geheimnisvolle Kiste. Rostig und erbärmlich, aber auch großartig und wild. Sie ist stumm, bietet den Blick mürrischer Ausdruckslosigkeit, und doch scheint es mir, als flüstere sie ab und zu: „Los! Komm her! Find' es heraus!"

Ja, diese Kiste hat eine Geschichte. Der Zahn der Zeit hat kräftig an ihr genagt, die Natur ist ihrer habhaft geworden und wie klaffende Wunden zieren Rostlöcher ihre seitlichen Wände. Der Deckel lässt sich ohne Weiteres öffnen, doch die Enttäuschung ist groß. Gähnende Leere! Ein komischer Rohrstutzen mündet am Boden der Kiste in einen Betonsockel. Das ist alles.

Die Kiste, 72 Zentimeter lang, 35 Zentimeter breit und 25 Zentimeter hoch, befindet sich an einem Feldweg südlich der Ortschaft Bissen. Man hat sie leicht zugänglich am Rande eines Kornfeldes auf einer Anhöhe angebracht. Üppige Kornfelder, saftiggrüne Weiden und ein einsamer Weg, der zu einem entlegenen Hof führt … Nichts hindert hier den Blick in die Ferne. Man hat eine weite Sicht und bei klarem Wetter soll man sogar das Hochhaus auf Kirchberg erblicken können. Es ist wohl ein strategischer Punkt in dieser Landschaft!

Der Wind streicht unermüdlich über das heranreifende Getreide und der Gesang einer Feldlerche ist von Weitem zu vernehmen. Doch die ländliche Idylle trügt. Die verhexte Kiste strahlt nämlich etwas Merkwürdiges aus, ja etwas Beklemmendes. Ein unverständliches Murmeln dringt an mein Ohr, ein unheilvolles Seufzen: Das Wort „Gladio" liegt in der Luft!

Sprengstoff, Sabotageakte, propagandistische Aktionen

„Gladio" und „Stay behind", hierbei denkt jeder zunächst an miese Filmklamotten vor finsterer Kulisse. Doch „Gladio", so nannte sich während des Kalten Krieges die Geheimorganisation der Nato, des CIA und des britischen Geheimdienstes MI6. Und dieser „Schutzschild" streckte seine machtgierigen Finger auch bis ins verschlafene Luxemburg aus: geheime Waffenlager, Sprengstoff, Sabotageakte, propagandistische Aktionen, versteckte Sender …

Die Kiste, ihr Geheimnis, ihr verborgenes Leben, all dies lässt mich natürlich nicht unberührt, und ich frage mich, ob ich überhaupt in der Lage bin, mit diesem eigenartigen Objekt richtig umzugehen. Oder wird das verflixte Ding etwa mit mir umgehen? Wie bedeutend ist diese verfluchte Kiste, die nicht sprechen kann

Da liegt es, das verflixte Ding, das der Nachwelt wohl noch einiges mitzuteilen hat.

und bestimmt auch taub ist, die aber wie ein Dahinsiechender auf dem Sterbebett der Nachwelt noch etwas Wichtiges mitteilen möchte?

Was war einmal dort drinnen? Gewehre und Munition, die man im Zweiten Weltkrieg der Waffen-SS abgeluchst hatte und die daher in keinem offiziellen Armeebestand geführt wurden? Oder etwa Radiosender, um hinter den Frontlinien Sabotageakte zu organisieren? Was hat dieser merkwürdige Stutzen, der in den Boden führt, zu bedeuten? War es eine Telefonleitung? Der direkte Draht zu den geheimen Sphären der Macht? Pssst ... Top Secret!

Das Schweigen einer gefährlichen Macht

Stille! An diesem Ort ist es keine friedliche Stille. Es ist vielmehr das Schweigen einer gefährlichen Macht, die hier und anderswo über einen geheimen Plan brütete. Die Kiste ruft daher auch Unbehagen hervor. Schauer laufen mir über den Rücken. Doch weder das Kornfeld noch der nahe liegende Waldsaum wollen etwas von der unbeschreiblichen Geschichte preisgeben, die an dieser verrosteten Kiste haftet.

Ein Traktor nähert sich. „Ah, die Kiste? Ja, die hat mit dem Krieg zu tun, so hat man es mir erzählt", plaudert der Landwirt munter drauf los. Vielmehr ist ihm aber nicht zu entlocken. „Merkwürdig ist sie allemal", lächelt er dann verschmitzt und fährt ratternd davon. Nach einigen Metern wendet er aber den Traktor und kommt wieder zurück: „Sind Sie eventuell an Geschichte interessiert?", fragt er und holt aus, noch bevor ich eine Antwort parat habe. „Dort hinten im Wald", er hebt den Kopf in Richtung Waldsaum, „hat man im Zweiten Weltkrieg Refraktäre erschossen." Er hält für kurze Zeit den Atem an und verabschiedet sich.

Refraktäre erschossen? Jetzt weiß ich, warum der Wald dermaßen finster dreinblickt. Dort oben im Gebüsch wurden junge Menschen kaltblütig ermordet, Männer, die nicht in fremder Uniform in den Krieg ziehen wollten. Der Boden hier ist also mit Blut getränkt! Und die Kiste? Ja, sie kam wohl erst Jahre später hierhin und spielte ihre Rolle während des Kalten Krieges, vielleicht in der Hoffnung, weiteres Blutvergießen zu verhindern. Ein Ort mit Geschichte und eine Kiste ebenfalls mit Geschichte! Wäre nämlich der Russe tatsächlich einmal einmarschiert, wer weiß, vielleicht hätte sich dann an diesem geheimen Ort in der Nähe von Bissen für Sekunden die Weltgeschichte geballt!

N.B.: Wohl niemals zuvor hat ein alter rostiger Blechhaufen dermaßen Eindruck auf einen Menschen gemacht wie diese mysteriöse Kiste auf mich.

Der Kopf eines merkwürdigen Rohrstutzens, der senkrecht in den Boden führt und – wer weiß – sogar bis in die geheimen Sphären der Macht.

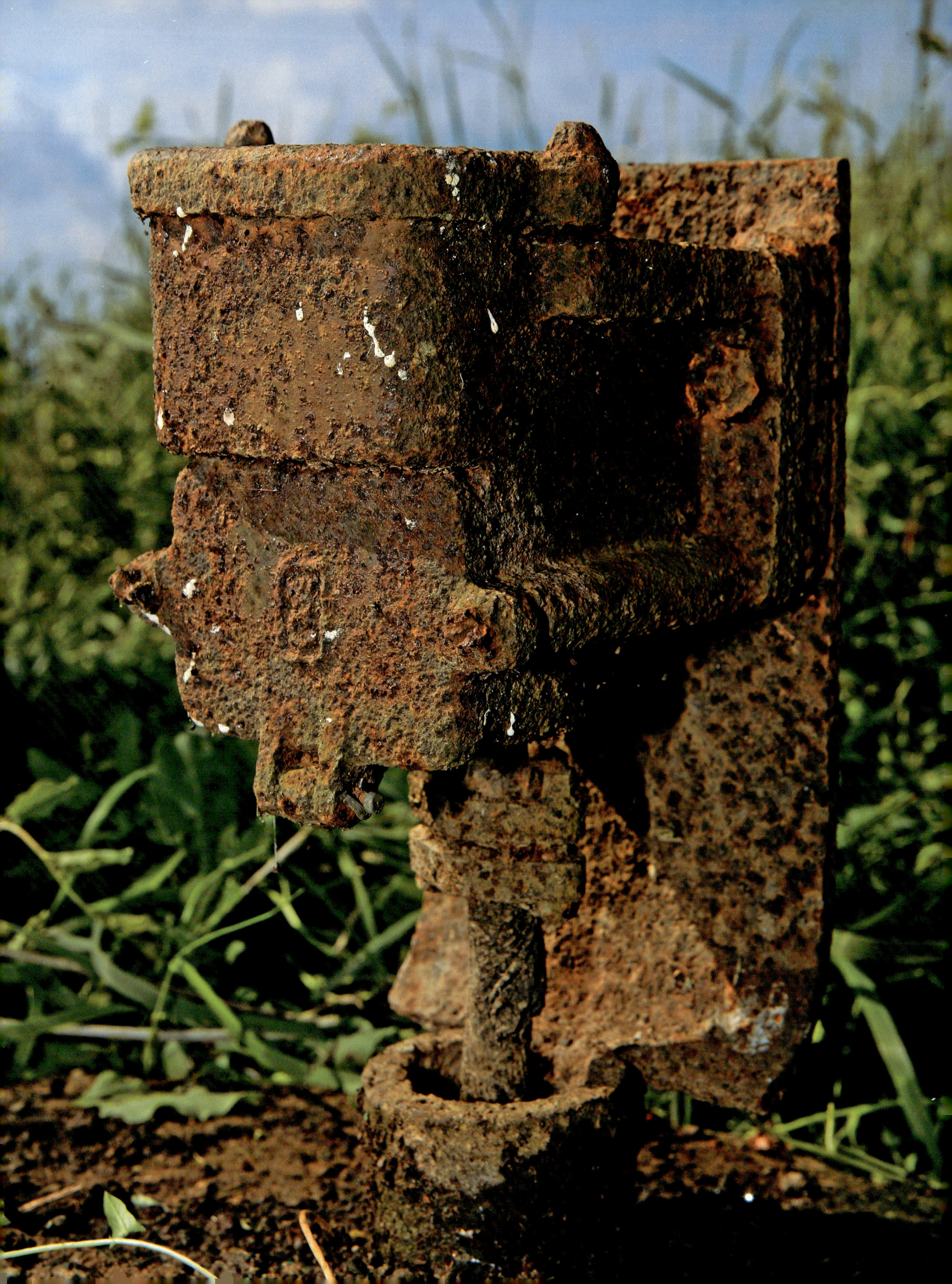

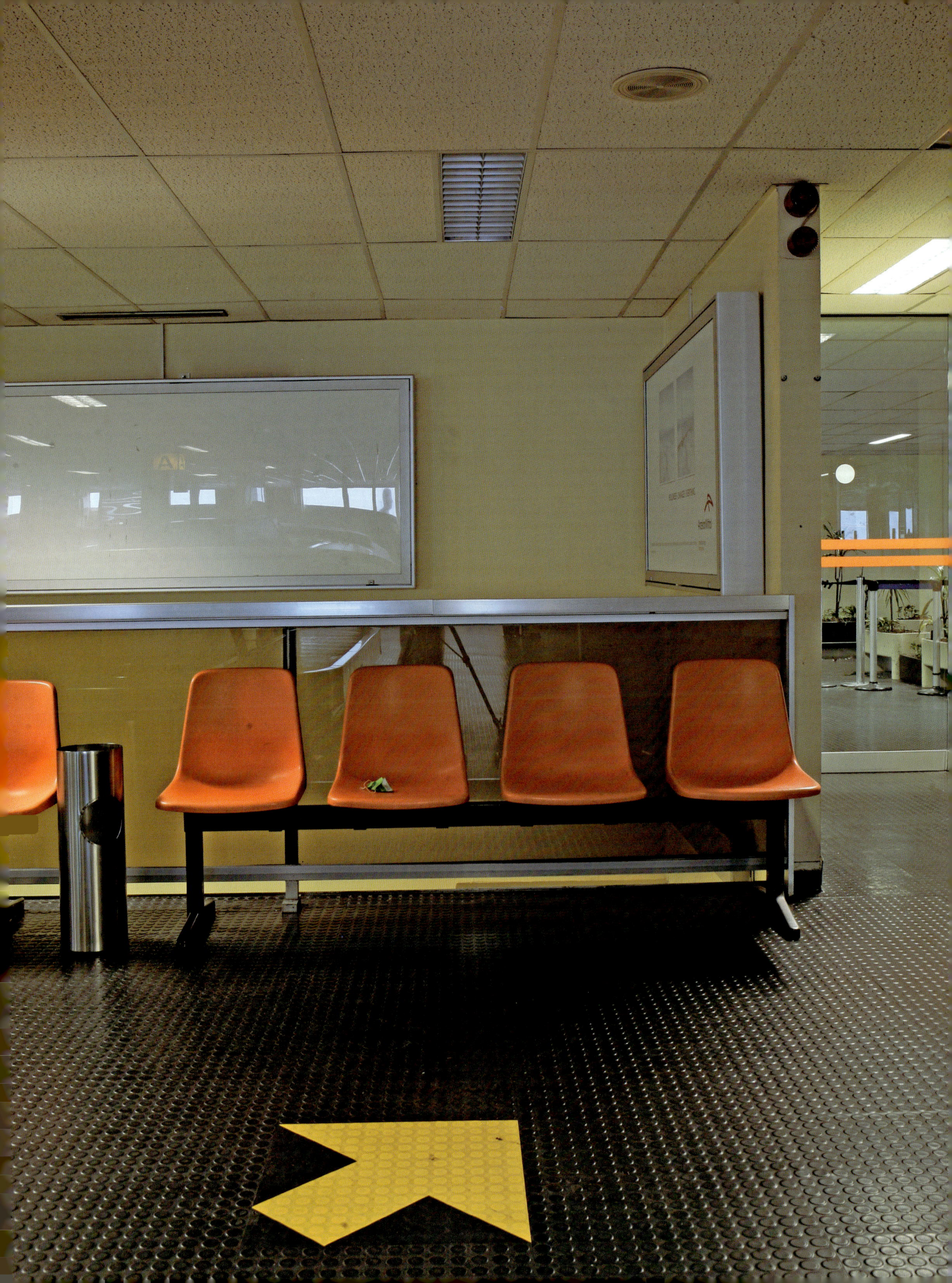

ALTE AÉROGARE FINDEL

Post Mortem

Requiescat In Pace. Erhielten Gebäude Grabsteine, mit dem frommen Wunsch, sie mögen in Frieden ruhen, dann würde auf dem der alten Abfertigungshalle des Findel als Todestag der 20. Mai 2008 stehen. Es war ein Dienstag, ein Tag wie jeder andere für die meisten oder eher für viele oder vielleicht doch nur für die wenigen nicht Eingeweihten – wenn es denn überhaupt noch ein paar solch Seliger gibt in unserer postmodernen, von Kommunikativität, Flexibilität und Mobilität geprägten Gesellschaft. Requiescant In Pace.

Das Schicksal der alten Aérogare war lange vor ihrem Sterbedatum besiegelt worden. Am 20. Mai 2008 wurde lediglich ihre (vorgezogene) Totenmesse zelebriert. Das Requiem für Luxemburgs einstiges Tor zur Welt und umgekehrt. 33 Jahre lang, pardon, 33 lange Jahre lang hatte die Visitenkarte des Landes, die dem Fluggast einen ersten Eindruck von seinem Gastgeber vermittelt, dem Großherzogtum gute Dienste geleistet.

Welches Gebäude kann heute schon in so einem turbulenten Geschäft wie der Luftfahrt für sich beanspruchen, seinen Zweck über drei Dekaden lang erfüllt zu haben? Doch statt sie ihrer langen Lebensdauer wegen zu loben, wurde sie etwa ab Mitte der 1990er-Jahre zunehmend ob ihrer Senilität geschmäht. Parkplatzprobleme, Warteschlangen, Sicherheitsmängel, kurz afrikanische Verhältnisse prägten das Bild und die öffentliche Meinung des Findel. Sic transit gloria mundi. Oder passender: Eitel geht die Welt zu Grunde.

Zahn um Zahn, Zug um Zug

Wie dem auch sei. Auf einmal hatte sich die Erkenntnis durchgesetzt, der Zahn der Zeit nage immer schneller am Terminal und der sei drauf und dran, den Zug der Zeit zu verpassen. Wer weiß, vielleicht spielte er ja absichtlich auf Zeit: Ein neuer Terminal war noch nicht gelandet und sich in einem Zug klangheimlich davonzustehlen, blieb dem alten Bau auch verwehrt. Das Privileg des Bahnanschlusses gebührt nämlich dem neuen, schier übermächtigen Terminal A. Und weil der mit seinem kleineren, aber leicht älteren Bruder (Terminal B) über eine Passerelle verbunden gehört, muss die alte Abfertigungshalle weichen. Sie wird dem Erdboden gleichgemacht. Ohne Wenn und Aber. Eine Bürgerinitiative für ihren Erhalt – und sei es bloß als Überbleibsel eines Architekturtrends – hat sich bis dato (wir schreiben Herbst 2008) noch nicht gebildet. Und bald ist es zu spät.

Mit welchen Argumenten zögen auch etwaige Protestler ins Feld? War es nicht der damalige Bautenminister Jean Hamilius himself, der bei der feierlichen Einweihung am Wochenende des 1. und 2. November 1975 hervorhob, die Schmucklosigkeit der Räumlichkeiten entspringe der Besorgnis um Wirtschaftlichkeit in einer Zeit, in der das Geld des Steuerzahlers immer wertvoller werde. Hört! Hört!

Nul n'est prophète en son pays, so ist das eben. Doch in der Stunde des Todes melden sich – Gott sei Dank – auch Zeitgenossen zu Wort, denen an einer historisch nicht geklitterten Überlieferung gelegen ist und die gegen das traurige, aber eherne Gesetz verstoßen. Dass die feierliche Inbetriebnahme der neuen Abfertigungshalle am 21. Mai 2008 gleichbedeutend mit dem Terminus für den alten Terminal sein würde, war klar. Doch auch wenn der neue (filigrane) Goliath den alten (plumpen) David locker überstrahlte, ganz auszublenden vermochte er ihn doch nicht.

Posthume Würdigung

Schenkt man nämlich dem „Luxemburger Wort" Glauben, dann hatten sich für das Requiem des „alten Findel" sogar einige Nostalgiker eingefunden. Lokaljournalist Raphaël Zwank fasst die Abschiedsstimmung am letzten Abend wie folgt zusammen:

Unter die Freude über die neue Abflughalle mischte sich aber auch etwas Nostalgie. So war Laurent Engel extra mit seiner Freundin Veronica Petre zum Flughafen gekommen, um sich das alte Terminal noch einmal anzusehen. „Ich habe hier als Kind vom Dach des Terminals aus die Flugzeuge beobachtet", erzählt der junge Mann aus dem belgischen Grenzgebiet, der heute im Großherzogtum wohnt. „Damals war es noch erlaubt hochzusteigen, und das Fliegen hatte noch etwas Außergewöhnliches an sich. Als Einjähriger bin ich von hier zusammen mit meinen Eltern mit Luxair nach Korsika geflogen. Ich habe fast dasselbe Alter wie diese Abflughalle. Es ist schade, dass sie abgerissen wird. Dies ist sozusagen meine letzte Würdigung."

Mit der alten Abfertigungshalle verschwindet ein Schaffenszeugnis von Staatsarchitekt Constant Gillardin. Realisiert wurde seine „Aérogare" von dem Konsortium Perrard/Hochtief. Kostenpunkt:

240 Millionen Franken. Fast schon ein Schnäppchen im Vergleich zum neuen Terminal, der mit rund 160 Millionen Euro zu Buche schlägt – Terminal B, Tiefgarage, Bahnanschluss etc. natürlich

Letzter Arbeitstag: 20. Mai 2008. Die Bilder entstanden kurze Zeit später.

A
ZOLL
CUSTOMS
DOUANE
Terminal A/B

Terminal A
Terminal B
MON CHERI
Deloitte
Rappelez-vous le temps
de vos premières conquêtes.
SUPERFUND
THE FUTURE OF INVESTING
SUPERFUND.LU
Enregistrement Check in Abfertigung
LUXAIR

Making it possible
As part of the largest financial services group in the Nordic region, Nordea International Private Banking & Funds prides itself in building bridges with its clients. With our 385 employees offering services in Private Banking, Fund Management and Fund Distribution, including the award-winning Nordea 1, SICAV fund range, we are the leading Nordic pan European financial services provider in Luxembourg and Switzerland.
Nordea
International Private Banking & Funds
Embarquement · Departure · Abflug
POLICE
Check-in
Luxair

nicht inbegriffen. Konzipiert war die schmucklose Halle für 1 500 Passagiere pro Stunde. Spielend sollte sie 650 000 pro Jahr abfertigen können. Am höchsten war ihre Beanspruchung im Jahr 2000: Da hatte sie deren genau 1 669 484 zu bewältigen. Die Millionen-Grenze war bereits 1992 gefallen.

Ganz ungelegen kam diese Entwicklung indes nicht. Wie hatte doch schon Emile Burggraff in der „Luxemburger Wort"-Ausgabe vom Montag, dem 3. November 1975, in seinem Bericht über die Eröffnung geschrieben: „Es ist nicht zu leugnen, dass der Flughafen Findel mehr ist als Prestigeobjekt eines Liliputstaates oder Drehscheibe ausländischer Transportunternehmen. Er soll, aus der Optik der Regierung heraus, Plattform unserer internationalen Politik sein: ein weit auf die große Welt geöffnetes Tor, durch das sich unsere freundschaftlichen Beziehungen entwickeln sollen."

Wiener Walzer

Freundschaftliche Beziehungen standen auch im Mittelpunkt der Abschiedsfeier, die am letzten Abend in der Brasserie de l'Aéroport „Evasion" im ersten Stock gefeiert wurde. Der private Abend galt dem Personal, das den anstehenden Umzug mit schier überschwänglicher Freude begrüßte: „Wir ziehen in ein wunderschönes Panorama-Restaurant." Nun ja, der Mohr hatte zu dem Zeitpunkt seine Schuldigkeit getan, er konnte gehen.

Um 18.45 Uhr des besagten 20. Mai 2008 war die Abflughalle denn auch schon fast menschenleer. Die Abflugtafel zeigte nur noch drei Flüge an: einer nach Milano, einer nach Genf und einer nach Wien, der um 19.50 Uhr startete. Als letzter Passagier checkte Samuel Schapira für die Walzermetropole ein. Und nachdem der letzte (verspätete) Flug aus Kreta (Chania via Heraklion) eingetroffen war, stand dann auch die alte Gepäckförderanlage für immer still.

An den Gates: Warten auf den Abflug oder in diesem Fall eher auf den Abriss ...

33 Jahre lang war dies unser Flughafen: Rückblickend verging die Zeit wie im Fluge.

Der Augenblick des Abschieds war gekommen. Jahrelang hatte man ihn herbeigesehnt, als er dann endlich da war, ging doch alles kurz und schmerzvoll und viel zu schnell vonstatten. Aber Respekt verdient, wer bis zum Schluss durchhält. Das schien sich auch die Leserbriefschreiberin J. M. gesagt zu haben. In den Spalten des „Luxemburger Wort" vom 24. Mai 2008 erschien ihr auf den 21. Mai datiertes „Farewell to My Terminal":

Ech sinn trauereg. Haut ass dee fuschneien Terminal opgaangen an dat mécht mech e bëssen trauereg. Net, dass ech en net schéi fannen. O neen, ech war op d'Porte ouverte a konnt mer e genee ukucken. Wierklech schéin. Vill Glas an Holz a Luucht a Plaz a schéi modern, a bestëmmt och néideg. Mee am Fong sinn ech jo och net trauereg, dass deen neien Terminal opgaangen ass, mee éischter, dass deen alen haut zougemaach huet. Ech hunn haut an der Zeitung gelies, dass gëschter nach e puer Nostalgiker dohinner waren, fir Äddi ze soen. Ech sinn och nostalgesch. Mäi Mann an ech, mir hunn eis an

Ungewohnte Perspektive: auf dem Dach der todgeweihten Abfertigungshalle.

deem Terminal do kennegeléiert, et war do, wou mir eis déi éischte Kéier gesinn hunn, an et war fir eis allen zwee deen éischte Fluch. Zënterhier ware mir schonn dacks do, entweder op „eisem" Joresdag oder einfach, fir an d'Vakanz ze fléien. Wéi ech mengem Mann gëschter erzielt hunn, dass ech e bëssen trauereg wier, huet hie gemengt, d'Haaptsaach wier dach, dass mir nach zesumme wieren. An eis Kanner, ganz terre à terre, hunn him zougestëmmt. Jo, do huet e jo Recht, an am Fong sinn ech et jo, dat net gär flitt, da misst ech jo och e bëssi mat de Féiss um Buedem stoen. An awer … ech war eisem Terminal net Äddi soen, mee dofir schreiwen ech him dëse Bréif. Äddi, alen Terminal.

Inspektion statt Obduktion

Also doch! Es gab Leute, die der alten, viel geschmähten Abfertigungshalle eine Träne nachweinten. Undank ist der Welten Lohn, aber Ausnahmen bestätigen die Regel. All diesen Romantikern und Nostalgikern, aber auch den Historikern und Dokumentaristen galt ein Besuch, den das Top-Secret-Team dem abbruchgeweihten Terminal wenige Tage nach dessen Ausmusterung abstattete.

Es war eine Inspektion, die vom Check-in-Bereich und den Gates über die dunklen Eingeweide des Baus bis auf sein Dach mit den großen Luxembourg-Lettern führte. Eine Obduktion war es aber nicht! Zum einen war das Aufgabe der Spezialisten, die das Gebäude auf seinen Abriss vorbereiten sollten, zum anderen steckte in dem Terminal zu dem Zeitpunkt noch viel zu viel Leben. Es war also vielmehr eine palliative Visite; den Todesstoß, den sollte ihm die Branche versetzen, die ihn auch zum Leben erweckt hatte.

„Last minute" blinkte auf einer Leuchttafel in einem der Schalter gegenüber den orangefarbenen Check-ins auf – wie die Bedeutung von Schriftzügen doch situationsabhängig und interpretationsbedürftig ist … Auf den beiden großen Anzeigetafeln wurden zum Teil noch Flüge aufgeführt, die nebenan, ein paar Meter weiter, abgefertigt wurden. Beim Durchschreiten der Sicherheitskontrolle piepste es laut auf. Und auch die elektronischen Sicherungen an den Türen verrichteten ungeachtet ihrer aussichtslosen Lage ihren Dienst. Würde man ihnen nicht vorher den Saft abdrehen, sie würden wohl solange mitspielen wie die Musiker auf der untergehenden Titanic. Und in der Spendensparbüchse des „Lions Club" („Helft der Jugend!") wimmelte es noch von Münzen und Geldscheinen. Wetten, dass die noch rechtzeitig abgeholt wurden? Hoffentlich vom rechtmäßigen Besitzer …

Komisch auch, dass einem bei so einem Adieu-Besuch auf einmal Sachen auffallen, denen man vorher nicht die geringste Beachtung geschenkt hat: der schwarze genoppte Boden, die antiquierten Deckenleuchten, die ulkigen grünen und gelben Hinweisschilder, die groteske orangefarbene Plastik-Bestuhlung. Augenzwinkernd auch diese Hinweise: Hinter einer Glasscheibe informierte Luxair, dass der Schalter „vorübergehend geschlossen" sei, und die Airport-Shops ließen wissen, dass sie ihre Aktivitäten verlagert hätten – «Nous vous attendons nombreux dans nos nouveaux points de vente BUY BYE dès le 21 mai 2008.»

Epilog: Du sollst leben!

Lieber Terminal, als das Autorenteam dir Lebewohl sagte, schlummerte auf einem Tisch im alten Airrest-Restaurant einsam und verlassen und zerfleddert eine Ausgabe des „Républicain Lorrain", datiert auf den 20. Mai 2008, deinen Todestag. Wenn der Republikaner aus Lothringen kein gutes Omen ist, für den neuen Referenzflughafen der Großregion in spe? Du hast deinem Nachfolger ein ordentliches Erbe hinterlassen. Wir wünschen ihm, dem Vatermörder, denn auch alles Gute – wohlweislich, dass er dich auf dem Gewissen hat und dass ihn früher oder später dein Schicksal ereilen wird.

As Time Goes By: alter und neuer Terminal vom G-Punkt aus betrachtet.

Du aber, lieber Terminal, denke immer daran: Du bist nicht tot, in unserer Erinnerung lebst du weiter. Top Secret vermeldet also einmal mehr: Auftrag, für die Nachwelt, erfüllt. *Au Revoir!*

DANKSAGUNG
Kein Geheimnis: ohne sie kein Buch

Anouk Antony, Heinz Beck, Alain Berwick, Léonce Bidault, Paul Bidault, Carlo Bintz, Anne Brasseur, Otmar Breit, Fernand Brisbois, Emile Burggraff, Markus Burghardt, Usch Burton, Marc Colas, Nico Conrad, Carole Deitz, Renée & Edy Deitz-Maurer, Eliane Denninger, Sœur Dorothée, Jean Engel, Werner Esch, André Feyereisen, Bob Feyereisen, Roby Fischer, Luc Frieden, Patrick Frieden, Laurent Funk, Marc Glesener, Marie-Paule Greiveldinger, Gérard Grignard, Josée Hansen, Tessy Hansen, Renée Hellers, Loni Hellwig, Charles Herkes, Lambert Herr, Lily Hirtt, Teddy Jaans, Francis Jans, Guy Jallay, Jean-Claude Juncker, Henri Jungels, Jean Kayser, Erwin Kettenmeyer, Marcel Kieffer, Erny Kirsch, Raymond Klein, Gérard Koch, Daniel Kolbusch, Ruth Latin-Herber, Paul Lenert, Jean-Paul Lenertz, Aly Leonardy, Tom Levy, Marc Limpach, Marc Linster, François Mathieu, Jean-Marie Litt, Dieter Maes, Lucien Malano, Winfried Meseke, Joëlle Meunier, Sœur Michèle, Christian Mohr, Romain Mohr, Marc Monhonval, Steve Müller, Jos Nerancic, Charles Offermann, Marc Papi, Sœur Paule, Nancy Petry, Jeff Pirrotte, Frank Reimen, Carole Remy, Nathalie Rovatti, Monique Ruppert, Rita Ruppert, Joseph Salentiny, Dr. René Scheiden, René Scheitler, Alfred Schiltz, Jean-Marc Schmidt, Etienne Schneider, Jean-Paul Schneider, Désirée Simon, Norbert Soyka, Gust. Stefanetti, Veronika Steinmetz, Claude Strasser, Claude Strotz, Dirk Sumkötter, Romain Tarpani, Fernand Théato, Carlo Thill, Cécile Thill, Olivier Toth, Renée Vandivinit, Georges Wagner, Serge Waldbillig, Martine Weber, Ernest Wilwert, Monique Wilwert, Claude Wiseler, Guy Wolff, Léon Zeches, Marcel Zeimes, Paul Zeimet, Fernand Zeutzius, Raphaël Zwank, Georges Zwickenpflug und ein unbekannter Landwirt aus Bissen

* * *

*Hilfsbereite Herren der Unterwelt:
die Männer vom „Service Canalisation"
der Stadt Esch.*

Athénée de Luxembourg
Centre de Communications du Gouvernement
Château de Senningen
Cercle Munster
Commune de Mertert-Wasserbillig
Congrégation des Franciscaines de la Miséricorde
Domaines de Vinsmoselle
Enercon
Haut Commissariat à la Protection Nationale
Laboratoire National de Santé
lux-Airport
Luxemburger Wort
Lycée Technique du Centre
RTL NewMedia
saint-paul luxembourg
SEO – Société électrique de l'Our
Service d'Incendie et d'Ambulance de la Ville de Luxembourg
Service Information et Presse
Schroeder&Associés
TKDZ Wellen GmbH & TKDZ s. à r. l. Wasserbillig
Ville d'Esch-sur-Alzette (Département des Travaux Municipaux, Division du Génie Civil, Service Canalisation)

DIE AUTOREN

Wege zum Vortex

Top Secret 3 fällt ins Wasser. Keine Bange, nur thematisch. Der kostbarste Rohstoff der Welt nimmt im dritten Band eine ganz besondere Stellung ein, sei es im Escher Uelzechtkanal, im Viandener Pumpspeicherkraftwerk oder in einem Laufwasserkraftwerk an der Mosel. Das Titelbild schoss Marc Wilwert bezeichnenderweise in einem Wasserreservoir. Wer Wasser sagt, meint oft Energie – zum Leben oder zum Leuchten, etwa wenn es sich um Strom aus einer Windkraftanlage handelt. Und ohne Energie, ohne kreative Energie kommt kein Sujet aus, ganz gleich ob Oldtimersammlung, Schloss Senningen oder Cercle Munster.

In der Kunstrichtung Vortizismus (Beginn des 20. Jahrhunderts) bezeichnete man den ruhigen Ort, an dem alle Energie konzentriert ist, als Vortex. Bereits zum dritten Mal macht sich das Autorenquartett bestehend aus Claude Feyereisen, Luc Marteling und Marc Thill sowie Fotograf Marc Wilwert auf dessen Suche – natürlich in bewährter Top-Secret-Manier. Während die Bilder die Ästhetik des Faktischen zelebrieren, kultivieren die Texte die Leichtigkeit des Seins. Sie beschreiben und bewundern, sie schildern und schlussfolgern, sie dokumentieren, illustrieren, fabulieren …

Die Top-Secret-Trilogie ist nun komplett. Geheime Dreifaltigkeit! Was anfangs eine leicht spinnerte Idee, ist Wirklichkeit geworden. Geboren wurde sie aus der Inspektion der Roten Brücke durch Bautenminister Claude Wiseler im Sommerloch 2006. Es

Ende der Geheimnistuerei – oder doch: Sag' niemals nie? Mit Band 3 beschließen die vier Autoren die Top-Secret-Abenteuer.

Marc Wilwert (Jahrgang 1976), Claude Feyereisen (1976) und Marc Thill (1968) arbeiten bei saint-paul luxembourg, Luc Marteling (1975) bei RTL NewMedia (v.l.n.r.).

entstanden drei Bücher mit Recherchen über Orte, die der Öffentlichkeit im Normalfall verborgen bleiben. Für die Autoren geht mit der Trilogie ein kleiner Traum in Erfüllung. Getreu dem Motto „Never change a winning team" hielt das Journalistenensemble bis zum Ende durch. An insgesamt 46 Orten witterte es Geheimnisse und versuchte sie gegebenenfalls zu lüften. Ausflüge ins Unbekannte mit hohem Informations- und Unterhaltungswert, wie der „Buchpräis 2007" in der Kategorie Sachbücher für Band 1 unterstreicht. Da man aber aufhören soll, wenn es am schönsten ist, ist nun Schluss. Passend dazu als letzter Beitrag ein Epitaph für den alten Findel.

DIE TOP-SECRET-TRILOGIE: 3 WERKE, 46 ORTE, 1 AUFTRAG

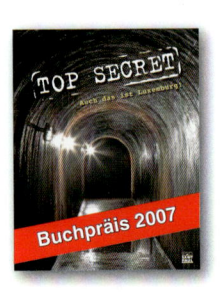

Top Secret 1
Vorwort: Bautenminister Claude Wiseler
ISBN: 978-2-87963-690-0, 112 Seiten, 19 Euro

Buchpräis 2007

1. Suite Royale im Hôtel Le Royal
2. Bergfried der Burg Hollenfels
3. Geldzählmaschine der Luxemburger Zentralbank
4. Innenleben der Neudorfer Autobahnbrücke
5. Auf den Türmen der Kathedrale
6. Betriebsgebäude des Markusberg-Tunnels
7. Chambre du Conseil im hauptstädtischen Justizpalast
8. Auf dem Pylon der Schrägseilbrücke Hesperingen
9. Der befestigte Weinkeller der LRI-Bank
10. Eichtorquelle im Pfaffenthal
11. Im Tower des Flughafens Findel
12. Ausgediente Feuerwehrwagen in Colmar-Berg
13. Auf dem Dach des Héichhaus
14. Bunker unter dem hauptstädtischen Park
15. Asservatenkammer des Bezirksgerichts Luxemburg
16. Im Innern der Rout Bréck

Top Secret 2
Vorwort: Justizminister Luc Frieden
ISBN: 978-2-87963-706-8, 112 Seiten, 19 Euro

Buchpräis 2008

17. Der Turm der Sparkasse
18. Georges Christens Muckibude
19. Schießstand der Polizei, Reckenthal
20. Reise ins Innere der Côte d'Eich
21. Auf dem Düdelinger Fernsehturm
22. Benediktinerkloster Clerf
23. Die Türme der Echternacher Basilika
24. Fourrière judiciaire in Sassenheim/Zolver
25. Cactus-Depot in Windhof
26. Goldene Bücher der Stadt Luxemburg
27. Mandy Graffs Zimmer, Olm
28. De bloe Steen in Obermartelingen
29. Naturhistorische Sammlungen in Howald
30. Schrassig I: Zelle für Untersuchungshäftlinge
31. Schrassig II: Zelle eines Verurteilten

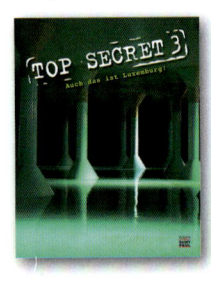

Top Secret 3
Vorwort: Premierminister Jean-Claude Juncker
ISBN: 978-2-87963-744-0, 112 Seiten, 19 Euro

32. Pumpspeicherkraftwerk Vianden
33. Schloss Senningen
34. Ehemalige Moutarderie in der Mohrfelsmühle
35. Stillgelegter Kalkstollen in Wasserbillig
36. Chinoiserien im Kloster der Franziskanerinnen
37. Oben in einem Windrad, Kehmen-Heiderscheid
38. Bunker unter der Kaserne der Berufsfeuerwehr
39. Kegelförmiges Wasserreservoir in Hiwingen
40. Gesammelte Werke mit vier Rädern
41. Begehung des Escher Uelzechtkanals
42. Seziersaal im Staatslabor
43. Cercle Munster, Luxemburg-Grund
44. Laufwasserkraftwerk, Staustufe Grevenmacher
45. Mutmaßliches Waffenversteck in der Nähe von Bissen
46. Post Mortem: Alter Findel

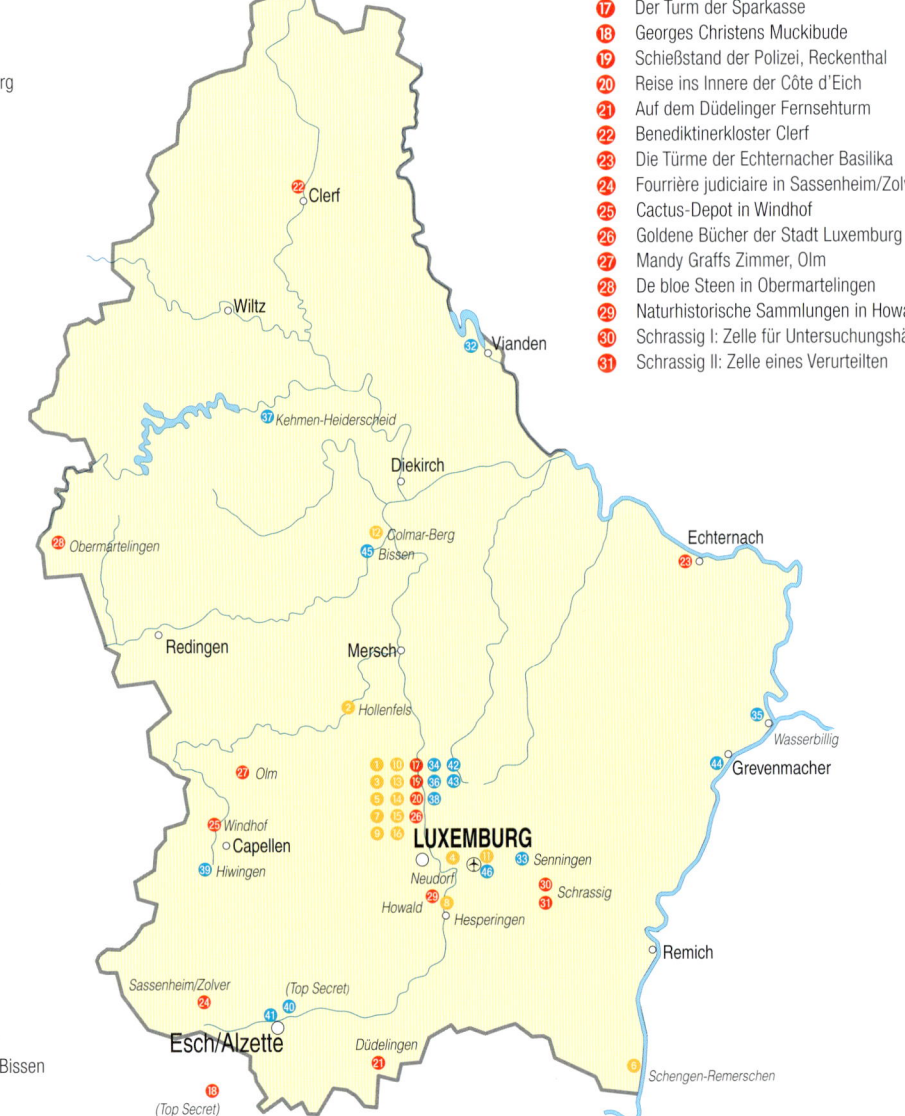